魅力的な人々の共通項

「運命のシナリオ」が応援する生き方

小林正観
Seikan Kobayashi

清談社
Publico

魅力的な人々の共通項

「運命のシナリオ」が応援する生き方

小林正観

はじめに

人間の「魅力」は、どこから生まれるのか？

正観塾《せいかんじゅく》師範代　高島《たかしま》 亮《りょう》

「人が死んだあとに残るものは、集めたものではなく、与えたものである」

フランスの思想家のものとされるこの言葉は、人の魅力の源を端的に表しています。たくさんのものを集め、持っているだけでは、魅力は生まれません。魅力は、それを感じ取って「魅力的だ」と思う人がいて初めて生まれるものだからです。人に与えることで、魅力は生まれるのです。実際、人にたくさん与える人ほど魅力的であるというのは、いつの時代でも、どこの場所でも変わらないのではないでしょうか。

小林正観《こばやしせいかん》さんは、60冊を数える著書や年間３００回にも及ぶ講演などを通じて、ものの見方や考え方、楽に、楽しく、幸せに生きる知恵を多くの人に伝えていました。その話は、まさに知恵の泉。豊富な話題と斬新な視点に溢《あふ》れ、日常生活から目に見えない世界まで、歴史上の人物から無名の市井《しせい》の人、正観さんの周りの人たちまでを縦横無尽に取り上げて、生き方の本質をわかりやすく、面白く、そして深く説きました。そのものの見方や生き方に触れて人生が変わったという人は、膨大な数にのぼります。

正観さんは、**「人は喜ばれる存在になるために生まれてくる」**と言いました。「喜ばれる存在」とは、魅力的な存在にほかなりません。喜ばれる人になると、生きているときはもちろん、死んだあとにも、その存在が人を引きつけ、人の心の中に生き続けることになります。

著書や講演を通じて、ものの見方をたくさんの人に与え続け、その生きざまを通して幸せな生き方のヒントを与え続けた正観さん自身が、まさに喜ばれる存在、つまり、魅力的な人でした。

では、「魅力的な人」に共通するものとは、なんでしょうか。

正観さんの言う魅力は、いかにたくさんのものを持っているかで測るものではありません。努力をして、頑張って、たくさんのものを手に入れるところから発するものでもありません。むしろ、**自分の力や欲だけで頑張ろうとせず、力を抜いて、流れに素直に乗って、頼まれごとをやり、感謝しながら、楽に、楽しく生きるという生き方**

に、魅力の源を見出します。
「魅力」は、「鬼」＋「未」＋「力」と分解できます。本来は「（人の心を引きつける）目に見えない力」いうことですが、「鬼が未《いま》だに力を使わない」、つまり、「力の強い人がその力を行使しない」というふうに読むこともできます。正観さんは「優しさ」を、「強い立場の者が、弱い立場の者に対して、その力を行使しないこと」と定義していますが、そこに通じるのも、また魅力の一つかもしれません。

ほかの著書の中にも出てきますが、正観さんには、生まれつき知的障がいを持つお子さんがいます。お子さんは小学生のころ、ほかの子より体が小さく、力も弱く、できないこともたくさんありました。でも、クラスの子たちから好かれ、愛される存在でした。いつもニコニコしていて、「ありがとう」を口にするその姿は、周りの人を優しくし、楽しく、明るい気持ちにしていました。

努力も頑張りもしないけれども、存在する価値がものすごくある。正観さんは、お子さんを見て、**「人間にとって大事なのは、努力することや頑張ることではなく、喜ばれる存在になること。そこに人間の根源的な価値がある」**ということを教えられたと言っています。

正観さんの人を見るまなざしや、魅力を測る見方の根底には、人の本質的な存在価値を見る優しさがあるように思います。

この本は、２００９（平成21）年に弘園社《こうえんしゃ》から出版された、『魅力的な人々―こんな楽しい生き方もあった―』を再編集して、装いも新たにしたものです。正観さんの観点から、魅力的な人たちのエピソードや生きざまが、生きいきと、淡々と語られています。

人間の喜びにはさまざまありますが、最も大きな喜びの一つは「（人に）喜ばれること」です。**魅力的な人になるということは、人に喜びを与える人になるということ**ですが、それは同時に、ほかならぬ自分自身が最大の喜びを得ることでもあるのです。

そのヒントが、この本には溢れています。読んで楽しみ、生かしてみてはいかがでしょうか。

魅力的な人々の共通項　［もくじ］

第1章 「魅力的な人」の共通項

第2章 「魅力的な人」の人づきあいの法則

第3章 歴史から見た「魅力的な人々」

第4章 「魅力的な人々」を訪ねる旅

第1章

「魅力的な人」の共通項

頼まれる人

「頼まれごと」は後世まで残る仕事になる

バッハ、モーツァルト、ルーベンス、ミケランジェロ、レオナルド・ダ・ヴィンチなど、世界的に有名な作品は、ほとんど依頼されて創ったものでした。宮廷音楽家、宮廷画家として頼まれごとをやっていたものが、世の中に受け入れられて残ったのです。

仕事は「やるハメになったこと」をやればよい。自分でものすごく強い決意を持って臨んだことというのは、案外と、宇宙からの評価は低いようです。本人は、頑張った、と言うのですが、あまり世の中に受け入れられておらず、広まらないということが少なくありません。

京都の妙心寺《みょうしんじ》にある法堂《はっとう》の天井絵「八方《はっぽう》にらみの龍《りゅう》」（雲龍図《うんりゅうず》）は、**狩野探幽**《かのうたんゆう》という人が描いたものです。この龍はどの場所にいても目が合うように描かれています。狩野探幽はこれを描くのに8年の歳月をかけました。

そのうち3年間は、弁当を持っていって、座ってずっと天井を見ているだけで、弁当を食べて帰って……ということで、一度も筆を握りませんでした。

3年経《た》って初めて筆を持ち、それから5年かけて描いたのです。その一方で、8年間待ち続けた妙心寺のほうはすごいと思います。

まったく絵を描かないで毎日弁当だけ持ってきて、天井をにらんで帰っていく画家に対して、「お前はクビだー！」と叫ぶまで、いったい何日でしょうか。

私だったら、1年間もたないのではないかと思います。それを、3年間何もしない狩野探幽を、ずっと雇い続けたというのはすごい話です。

同様に、ヨーロッパの宮廷音楽家や宮廷画家を雇い続けた王宮貴族というのも、やはりそのような根気強い人たちだったようです。ダ・ヴィンチは「最後の晩餐《ばんさん》」を頼まれてから、描きあげるまでに3年かかっています。貴族も、教会も、修道院も、その間ずっと待ち続けた。ですから、**頼まれてやったことは後々まで残るようです。**

神が微笑《ほほえ》む人

「勝つために」と思った瞬間、勝てなくなる

日本のプロサッカー界で現役最年長である三浦知良《みうらかずよし》選手は、キャリア、人柄、両面にわたって尊敬される選手として知られています。

三浦知良という人は、16歳でブラジルに渡り、19歳のとき、ブラジルのサントスFCでプロとして契約し、活躍を始めた。そして、23歳になったとき、日本へ帰ってきました。ブラジルですでにプロとして十分に通用しており、それから10年間は稼ぐことができる選手だった。それなのになぜ、帰国したのか？

それは、彼が16歳でブラジルに渡ったとき、現地の人に、

「お前はどこの国から来たのか？」

と問われて、日本だ、と言うと、

「そんな国は知らないなあ。どこにあるんだ」

と言う。地図を指して、ここにあるじゃないか、と言ったら、

「W杯に出たことのない国は、地球上に存在しないも同然だ」

と、ブラジルでサッカーをしている人たちは言った。カズはショックを受けて、とにかく一度でもW杯に出場して、この人たちに日本を知らしめたいと思ったようです。そして1990（平成2）年、帰国したカズは、

「日本代表をW杯に出場させるために、帰ってきました」

と言いました。プロ野球のように組織立った興隆をしようと、ひたすら心血を注いだのです。


そして彼が体力的なピークを迎えた31歳のとき、ついに日本のサッカーチームがW杯に出るときが来ました。しかし、W杯の3日前、監督はカズをチームから外すことを決定。その理由は、

「勝つためには、そうするしかなかった」

と。冷酷と言われようが、非情と言われようが、勝つためにはこの選択しかなかった、とその監督は言いました。

私はその記者会見を聞いたときに、

「あ、3戦3敗だ」

と思いました。そしてそのとおりになった。全敗です。なぜかというと、もう、神の加護はないからです。

勝つためには、その一生をかけて切望した人間の舞台を奪っても仕方ない、というような思想に対して、神が微笑《ほほえ》むことはありません。**戦って競い合って、人を蹴落として、そして自分がよい思いをするという時代は20世紀で終わっている。**

もし彼の悲願に対して殉じようと言ったならば、日本中のみんなが拍手で応援しただろうし、もしそれで全敗して帰ってきたとしても、みんなが温かい気持ちで迎えただろうと思います。

結果を残す人

必要なのは「根性」ではなく「リラックス」

好対照の例として、野球の松坂大輔《まつさかだいすけ》選手がプロ入りしたときの高校の監督の話があります。

準決勝の8回裏、0対6で負けていた。そのときに、円陣を組んで監督が、何かひとことふたこと言いました。その後、横浜《よこはま》高校の選手たちは4点をとり、4対6になります。そして9回の表に相手の点をゼロに抑え、9回の裏、横浜高校の攻撃のときに、4対6だったのが6対6になって、ついに7対6、逆転サヨナラです。

そして翌日の決勝戦で、松坂選手はノーヒットノーランを達成し、プロ入りすることになりました。決勝戦でのノーヒットノーランは初めてのことだったそうです。

そういうわけで、松坂選手のプロ入りに花を添えたわけですが、では、その8回裏で円陣を組んだときに、監督はいったい選手たちに何を言ったのか？

もう、この試合は勝ち負けを考えなくてよい、楽しんでこい、と言ったのだそうです。決勝戦まで出て頑張らなくていい、と。そして選手たちも、この試合は勝てないだろうと思ったので、あとは個人個人が楽しむことに切り替えた。楽しむためにはどうしたのか？ピッチャーが投げようとしたらバントのマネをしてみるとか、一塁に出た選手は、あとはテレビに長く映るためにどうするかという考えになっていた。盗塁と見せかけてチョロチョロしていれば牽制球《けんせいきゅう》を受けてテレビに映るわけですから。

楽しんでいいと言われた選手は、思い切って、リラックスして冒険ができたようです。一方、相手の投手はイライラしてくると、筋肉が固まってしまうので球速が上がらない。

面白いことに、**人間の筋肉は、リラックスするとよく動くようにできています。**高校生のバットスイングというのはヘッドスピードが時速１００kmほど。長嶋茂雄《ながしましげお》さんのヘッドスピードは時速約１２０km。イチローさんが１３０kmほどです。１２０kmで当たれば、だいたい3割がヒットになる。１３０kmだと4割です。

高校生は監督に怒鳴られると、１００kmのヘッドスピードが90kmに落ちる。逆に、好きなようにやっていいと言われると、20％はアップします。そして時速１２０kmになることも可能です。時速１２０kmですから、長嶋級です。そして、カンカンと打ち始めた。

ですから、実力を発揮したいと思ったら、リラックスすること。そして**指導者は、委縮させたらダメみたいです。笑顔で指導してくれる人が本物。**大声を出したり、根性だとか、絶対に勝つんだとか、そういうことで追い込んでも、壁を越えることはできないということのようです。

洗練された人

感情的にならず、淡々と生きる

魅力的な人について考察していくと、常に淡々と、感情的にならない人、ということに気づきます。

どうも宇宙法則において、**洗練されればされるほど、「マイルド」になっている**ということのようです。

あるとき、画家の友人が、

「美しい人ほど、似顔絵が描きにくい」

と言っていました。美人と言われている人ほど、とらえどころがない、これといって特徴がない。それで似顔絵を描くのが難しいのだそうです。のぼりつめると、特徴がなくなるらしい。

自分の潜在能力や、本来の役割・使命というものに気づき、スムーズに人生が流れていくようになるには、一つには**「感情的にならないこと」「淡々と生きること」**ではないでしょうか。

一喜一憂しないこと、ほめられても有頂天になって舞い上がらず、けなされても落ち込んでしまうようなことはない。いつでも淡々と、ひょうひょうとしている。そんな「私」を作ったら、感情のコントロールができる、魅力的な〝大人〟になれるのではないでしょうか。

感情には、否定的なもの（腹が立つ、イライラ、嫉妬など）と、肯定的なもの（嬉《うれ》しい、楽しいなど）があります。ここで「感情的にならないほうがいい」というのは、否定的な感情のこと。**肯定的なものだけ残し、否定的なものだけ取り去ってしまえばいいのではないでしょうか。**

明るさのある人

服装を明るくすると、周囲の状況も明るくなる

落語家で人間国宝、5代目柳家《やなぎや》小《こ》さんさんの一人娘でKさんという方がいらっしゃいます。彼女は晩年の小さんさんが脳梗塞で倒れてからというもの、家の中でも常に鮮やかな色の服を意識して着ていたそうです。

なぜかというと、**脳細胞の活性化につながる**と聞いたから、父の目につくところでは赤い服など派手な色のものをわざと着ていた、と、Kさんの著書に書かれています。

家人に介護が必要な人がいるという家族がありますが、そのような家庭もKさんのような発想でやってみたらいかがでしょうか。

実際に、このような人がいました。父親の介護を母親がしている。そして、その母親は年中、まるで「介護服」とでも呼びたいような、汚れてもいいもの・袖が捲《まく》りやすいもの・動きやすいズボン……といった格好。そこでその家の娘が、「お母さん、かわいいスカート

を買いに行こうよ」と言って母親にすすめて、一緒に母親に似合うようなスカートを買いに行きました。

そうしたら、**父親も、母親が介護用の格好をしていたときよりも明るくなり、母親も、なんだか嬉しくなって、とても家の中がよい雰囲気になったそうです。**

すると、それまでは考えていなかった方向に状況が変化しました。それまでは、介護は家族がやるのがいちばんだと言って、介護施設を探してはいなかったけれど、母親の服装を変えてから、父を任せてもいいかなと思えるような、信頼できそうな介護施設が家の近くにあることがわかったそうです。それで、思い切ってそこへ頼み、母親は「介護服」を着て過ごす必要がなくなったということでした。

その娘さんの話では、

「服を変えたら私たちをとりまく状況が変わった、ということが実感できました」

ということでした。

ちなみに、派手なものや高価な服装をすすめているわけではありません。

自分が楽しんで、生き生きと輝く人になったら、身近な人にとってもよい結果をもたらすようになるでしょう。

お金が入る人

「喜ばれる」お金の使い方

釈迦《しゃか》の言葉に「貧者《ひんじゃ》の一灯《いっとう》」というものがあります。

正確にいうと「長者《ちょうじゃ》の万灯《まんとう》より、貧者の一灯」です。上の句が忘れ去られた古人の言葉の一例。お金に余裕のある人がたくさん出すことよりも、貧しく、余裕のない人がその中から出していることのほうが尊い、という思想です。

いかに稼ぐか、どのように儲《もう》けるかという方法論は世の中に溢《あふ》れかえっていますが、**「いかにお金を使うか」**についてはどうでしょうか。

とりあえず「稼ぐ」ことのほうが先と思っていて、稼いだら、そのお金をどう使うかは、そのときに考えよう……と思う人が多いでしょうが、宇宙の法則はちょっと違うようです。

たとえば、コップの中に満々と、水、お茶、コーヒー、なんでもいいのですがとにかく何かが入っていたら、誰もそこに何か入れてあげることはできません。しかし、このコップが空だと、入れてくれます。通りかかった人がオレンジジュースを持っていたら、オレンジジュースを入れてくれるし、紅茶を持っていたら、紅茶を入れてくれるでしょう。

ですから、**まずはコップが「空」であることが重要です。**

「出入り口」という言葉はありますが「入り出口」とはいいません。「出」のほうが先です。エレベーターも、タクシーも、電車も、バスも、出る人が先。そのあとに乗る人が入っていきます。

お金も同じで、出るほうが先のようです。そして空になると入ってくる、というのが宇宙の法則らしいのです。

そのように考えると、ではどのようにお金を使えばよいのかを考えることが重要になってきます。**「喜ばれるように」使う方法にまず関心を持つ**、ということになります。

さわやかな人

「人生のシナリオ」は自分の意志とは関係なく進む

もともと私は全共闘世代で唯物論者ですから、神仏の存在を前提にものを考えることはしてきませんでした。今も昔も宗教やイデオロギーとは無関係の人間です。

しかし、現象を検証し現実を直視すればするほど、皮肉なことに「もはや神とでも呼ばなければほかに言いようのない存在がたしかにある」という思いを深めていくことになりました。

そして、**私たち一人ひとりの人生のシナリオも、同様に「生まれたときから存在していたらしい」**と認めざるを得ないという状況がたくさんあります。

私たちは、自分の人生を１００％自分の力で切り開いていくのではない、ということのようです。

唯物論的に現実や現象を見つめ、検証をし、それを最低１００人の人に話してみて疑問が生じないもの、という条件で今まで研究してきました。その結果、「神」が存在し、さらには、私たち一人ひとりの「人生のシナリオ」が生まれたときから存在しているらしいという結論になりました。そうしたら、もう**私たちは「自分の人生をどうしたらいいのか」と、途方に暮れることも、悩むことも、それ自体がエネルギーの無駄使いです。**

たとえば、「離婚しようかどうしようか……」と悩んでいる人は、離婚したいなら試してみたらいい。離婚したいと思って実際できるものならば、できるでしょう。しかし、離婚したいと思っても、「神の承諾」がない場合は、できません。「どうしてこんな人と結婚したのだろう」と思っても、それは、自分が書いたシナリオで、しかも神が承認印を押しているからです。

これは「我慢をしろ」と言っているわけではありません。別れたいのだったら、別れればいい。ただ、「別れたい」と思って実際そうできるのだったら別れられるでしょうが、「その結果そうならない」場合もあります。それが自分の意志とは関係ない人生のシナリオというもののようだからです。

先日、本当に**当人の意志と「人生のシナリオ」は関係がない**のだと思い知らされるような出来事がありました。

私の講演会の2次会で20人ほどで席を囲んでいたときに、50歳くらいの女性が突然倒れてしまったのです。これは、脳溢血《のういっけつ》か何かではないだろうか、ということで、急遽《きゅうきょ》、近くの病院へ運びました。すると案の定、脳溢血。そして、その彼女の知人が家に連絡をして、夫と子どもが駆けつけました。

ところが後日、聞いたところによると、実はそのときの彼女は、離婚を決意して家を出て、一人でアパートを借りて一人暮らしを始めて1週間というときだったのだそうです。

知人たちは、そのような事情を知らなかったので、すぐに家族へ連絡したのでしたが、その結果、夫と子どもたちは彼女のために病院へ生活用品等を届け、毎日、世話をしに通いました。幸いにして彼女は軽症の脳溢血だったので、2カ月後には退院することができました。

退院後、その家族はどうなったと思いますか。

彼女は一人暮らしのためのアパートを引き払い、結局もとの家庭に戻りました。そして、現在はとても仲良く、夫と子どもたちと、楽しく暮らしているそうです。

離婚しようとしても、家を出て一人暮らしをしようとしても、**神の承諾のないことは、起きません。**

ですから、離婚したかったら、ああじゃこうじゃ不平不満、愚痴、泣き言、悪口、文句を言わないで、笑顔で別れる。別れないのだったら、不平不満、愚痴、泣き言、悪口、文句を言わないで、笑顔でそのままいる。

この女性は離婚するという決意で、一人暮らしを始めた。そして、脳溢血で倒れ、夫と子どもが世話をし、その結果、絆《きずな》が強まり、離婚しないことになりました。

彼女の立派なところは、とにもかくにも「決意した」というところです。グチグチ言うのをやめ、別れようと決断を下し、そして実際に家を出て一人暮らしをするという行動に移していました。

しかし、その彼女の決断とは正反対の結末、つまり離婚しないでもとのさやに収まるという結果になったのですが、それはそれで彼女にとって納得のいく（愚痴を言わないで結婚生活を送ることができる）結果だったことでしょう。彼女の思惑とはうらはらに、思いもよらない経緯をたどることによって。**人生のシナリオは、往々にしてこのような「二段構え」になっています。**

決意したからといって、必ずしも、その決断どおりの結果を得られるとはかぎらない。

決意した人間には、必ず、神の承諾のもとになんらかの結果がもたらされる。

よって、決意しない人は、ずっとそのまま。愚痴を言い続けるだけで何もアクションを起こさない人間は、いつまでも同じ地点でグルグル回っているだけ、甘えているだけなのかもしれません。

結論を先延ばしにして、モラトリアムのままグチグチぐじゃぐじゃ言い続けるのは、失敗を恐れているから。しかし、「失敗」を恐れる必要はありません。失敗かどうかを誰が決めるのですか。

ある人気歌手が、結婚を決めたときにこう言っていました。

「あなたよりも収入は劣るかもしれないその男性と、結婚しようと決めたのはなぜですか？」

と聞かれて、

「彼は、私に初めてプロポーズしてくれた人だからです」

この答えは、かっこいいと私は思いました。

その後、この歌手は何年かの結婚生活を経て離婚してしまいましたが、では結婚したことは「間違い」だったのでしょうか。

そのような体験をした人は、**人間性にさらに深みが増し、魅力的な人になったことでしょう。**

そのような人のそばには、さわやかな風が吹き、川がさらさらと流れているような気がします。

逆境に強い人

「修羅場」が人間の魅力を作る

人生の中で、**正しい人から楽しい人へ、戦う人から戦わない人へ**、というふうに、途中で移行する人が、世の中にはいます。

人はそれぞれの困難をくぐりぬけて生きていきます。人には各々の修羅場が人生の中で用意されているからです。

ちなみに「修羅場」の数は、輪廻転生《りんねてんしょう》の数に比例しているらしい。魂が何度も生まれ変わりを繰り返してきて、だいぶレベルが上がってきた、そういう人ほど、「修羅場」の数も増えているという構造になっているようです。

「輪廻」とは、生まれ変わることではありません、「生まれ変わらなければならない」ことだからです。

病気、事故、離婚、倒産……。そのような困難を体験したら、人は以前より、「優しさ」

を身につけるのかもしれません。

頑張って頑張って、激しく正しさを追求し、疲れ果てたそのあとには、実は何も残っていないのではありません。**修羅場をくぐりぬけてきた人たちは、以前よりも「魅力ある人」と思われるようになっていくのかもしれません。**厳しさを突きつけ、頑張っていたころのその人にはなかった「優しさ」がよみがえり、「温かさ」を周囲に投げかけることができる人になっている。

たくさんの修羅場を経て、「『A型人間』から『B型人間』へと移行する人」が、地球上に1％ほどいるようです。

「A型人間」の特徴とは、正義感・責任感が強い、使命感・義務感が強い、自分で自分に厳しい、他人にも厳しさを突きつけてしまう、お風呂は熱めが好き、コーヒーはブラックで飲む、ウィスキーは水も氷も入れずにストレートで一気飲み、カレーは激辛が好き、うどん・そばを食べるときは七味唐辛子をたくさんかける、目と目の間が狭い、眉間にシワが寄っている、耳たぶがなくて切り立っている、口がへの字。

「B型人間」の特徴とは、人と競わない・比べない・争わない、いつも共生の方向で考える、コーヒーはミルクをたくさん入れる、ウィスキーを飲むときは水割り、カレーは甘口が好き、うどん・そばを食べるときは七味唐辛子をかけない、目と目の間が離れている、いつも笑顔、耳たぶが垂れ下がっている、口角が上がっている。

つまり**「B型人間」は、いろんなことを緩ますことができ、力が入っていない人。「A型人間」は、自分にも人にも厳しくて、人と競争し戦うことが好きな人、**というのが特徴です。

私自身、昔は「戦わなければならない」という空気の中で過ごしました。性格的にはもともと東京・深川下町《ふかがわしたまち》生まれの短気なほうでしょう。どちらかというと以前は「A型人間」だったと思います。

結婚して、一人目の子どもとして授かった子どもが知的障害児でした。彼女と過ごす日々の中で、それまで私の中にあった「もっと努力しなければならない、さらに向上していかなければならない」という、「A型人間」を支えてきた価値観が、根底からくつがえされることになったのです。

この子は、努力することもないし、頑張ることもしないし、必死になることもありません。ただこの子はニコニコ笑って、家の中にいるだけです。でも**それだけで周りの人間はすごく心が安らいで、楽しくて嬉しくて、幸せになってくるのです。**

この子は、努力もしない、頑張りもしない、体育で鉄棒をいくら練習してもできるようにはならない。

ではこの子の価値はないのでしょうか。「A型人間」の価値観でいったら、価値がないことになります。しかし、実際には、この子がいてくれることで周囲の空気が和らぎ、家の中が楽しくて嬉しくて幸せ。学校ではこの子がいるクラスは温かく、周りの人々を優しくさせてきた。

ということは、本来の人間の価値、本質とは、「A型」ではなくて「B型」のほうだったのではないですか、と私に教えに来てくれた我が家の長女でした。最終的には私の中の「A型人間」の部分を取り去ってしまいました。

彼女が我が家に来て教えてくれたこと、それから、長年の現象を観察して検証した結論、**「神が存在する」「人生のシナリオが存在する」**ということを認めざるを得ない状況になってしまったこと……。この二つによって、私は「A型」から「B型」へと移行してしまったと思います。

一度「A型」から「B型」へと180度移行した人は（割合でいうと地球上の人間の1％くらいの少数の人々ではないかと思いますが）、戦うこともなく、争いも競争も、比べ合うこともしなくなります。そして自分の人生を、自分の力でどうこうしようとしません。

感謝と優しさを投げかけ、同じように感謝と優しさに囲まれていますから、それ以上望むものがありません。

ボロボロになるまで体を酷使することもないので、いつも健やか。

寂しさや渇望感がないので、無理に夢を追わなくても満ち足りています。

何事もない毎日が、嬉しくて、楽しくて、幸せ。

そういう状態でいられたら、「A型人間」だったころは想像もつかなかったような魅力のある人になっているかもしれません。

そのような人は**「喜ばれる存在」**になっていくことでしょう。

病気に強い人

「笑うこと」は最も簡単な免疫療法

最も簡単な免疫療法とは、笑うこと。面白くて笑っているうちはまだまだです。面白くなくても笑うのが中級者、オチがわからなくても笑うのが上級者です。

ガン細胞を増やさないために、もう一つの方法としては、**内臓を温めておくことが重要です。**そのためには、温泉に入るというのも一つの方法。遠赤作用といって、内側から温める効用があります。

もう一つは、足の指先をにぎにぎすること。心臓からいちばん遠いところを動かしていると、血液がそこへ送られることになるのですが、そのためには、五臓六腑《ごぞうろっぷ》の全部がちゃんと働いていなくてはいけないので、その結果、内臓が温まります。そして、そのことがわかったら、手を頭の上に挙げてにぎにぎする。と同時に、足の指もにぎにぎする。これを気がついたときにやって、たとえばトイレに入っているときにやってもいいし、お風呂に入っているときにやるという手もあるし、車を運転しながらやるという手もあります。

内臓を温めるには、これらの方法に加えてもうひとつ、「笑うこと」。ウフフとか、オホホ、というのではなくて、思いっきり笑うこと。とにかく笑っていると、**ひと笑い2000といって、ガン細胞が2000個死んでいきます。**

そういう話を何年も前からしてきましたが、ＮＫ細胞を培養して体に戻すなどという話が、本当にガン治療の最先端医学になっているということです。

２００６（平成18）年9月23日、東京で「サトルエネルギー学会」というのがあり、10周年記念ということで私は講演を頼まれました。そのときに私の前に話された講師で、**村上《むらかみ》和雄《かずお》**先生という方とお会いしました。筑波《つくば》大学名誉教授で、遺伝子工学の専門家です。今、日本人でいちばんノーベル賞に近い人なのだそうです。控え室でもちょっとお話をしましたが、とても面白い方でした。

長年、遺伝子工学の専門家をしてきて、遺伝子のテーマで最終的に研究したいと思うもの、それは「笑いと遺伝子の関係」ということになったのだそうです。**笑うとスイッチが入る遺伝子が、ものすごくたくさんあるようだ**、とおっしゃいます。概略としてこういう話でした。

50kgの体重の人は、だいたい50兆個の細胞がある。その細胞が、爪の細胞になったり、眉毛の細胞になったり、髪の毛になったり、耳になったり、鼻になったり、というふうになっている。全部違う種類の細胞のように見えるけれども、実は全部同じ細胞だそうです。同じ細胞が50兆個集まっている。たとえば目には水晶体というレンズの役割をしているものがありますが、これも基本的には、ほかのものと同じ細胞からできているそうです。神経も、脳細胞も、胃も、心臓も、血液も。そして、一つの細胞の中に、30億とおりのプログラムが書いてあるという。

そしてその30億のプログラムを全部プリントアウトするとなると、1000ページの本が1000冊分必要だそうですが、その30億とおりのプログラムのうちの一つが「オン」になっている。そして仮に30億というのをピッタリな数だと仮定すると29億9999999個が「オフ」になっているということらしい。爪になるという遺伝子のスイッチが「オン」になっているから爪になっているだけで、細胞はすべて同じものなのだそうです。

ということは、ガンになる細胞も、ガンになるというスイッチが入ってしまったのでガンになっているだけで、**ガンになった細胞をガンでなくする、もとに戻すというスイッチ**

があるらしい、とおっしゃるのです。

これはすごいことです。30億のプログラムが細胞の一個一個に入っていて、それが一つだけ「オン」になっているからその細胞になる。あとのプログラムが全部「オフ」になっているから、別のものにはならない。

現段階では、**体を壊さないで元気に丈夫に生きるためのスイッチが、どうも「笑い」によって入るらしいということがわかってきた。**そして村上教授は、残された人生のライフワークが「笑い」についてということになったのだそうです。

今の日本でいちばんノーベル賞に近い人が、何に取り組んでいるかと言うと、「笑い」である。とにかく喜び、幸せ、という肯定的なものの考え方、言葉というものが、人間の体に大変よい形でスイッチを入れるということがわかった、とおっしゃっていました。

村上教授は68年間かけて、やっとそれをつきとめた。私も「笑いが大事」とは思っていましたが、私の場合はわけがわからずにやっていました。つまらないダジャレを言って、周りは誰も笑わなくても自分だけ笑っていたら、ぜんぜん病気をしませんでした。「ダジャレは質ではなくて量」です。くだらないダジャレでも数多く言ってくれる人は、ものすごく有難い人なのです。

したがって、これからのお見合いのポイントは、学歴や収入ではありません。整った顔の人を選ぶなどもってのほか。**「いかに免疫を強くしてくれるか」**です。

「面白い顔——」と笑えること。

夫に怒鳴られても、上司に怒鳴られても、ニッコリして、

「ありがとう」

と言う。そうすれば、それで免疫が強化されて、より元気になるでしょう。

悩みを感じない人

すべての悩みは「認識」にすぎない

私は今も昔もガチガチの唯物論者ですから、実証できる現象しか信じません。

ですからたとえば、

「神社で、突然、光が体の中に入ってきたのですが、あれはなんだったのでしょう」

という人に対しては、

「勘違いだと思いますよ」

というのが私のスタンスです。**私は〝精神世界〟の住人ではありません。**

ただ、超常現象や超能力に興味があり、40年間研究をしてきた結果、どうも「催眠術」というもののメカニズムは、このようなものらしい……ということがわかってきました。

これを知ると、みなさんの日常生活においてもなかなか役に立ちます。

催眠術をかけた状態で、かけられた人が頭をうなだれて寝た状態になりますが、あれは「睡眠」ではなくて「催眠」です。だから頭は起きています。ただ、体は、催眠術にかかっているほうが心地よいため、自分の意志でかかっているというのが「催眠」で、反抗している場合はかかりません。

この状態で、「気持ちよくリラックスできて体中の疲れが抜ける」と言われると、体がリラックスするので、信頼できる催眠術師に対しては、そのようになりたい、かかったほうが楽しそうだというので、その状態になるのが「催眠」です。

したがって、**自分の意志に反して催眠術にかかることはありません。**よくテレビで芸能人がやっているのは、本当に催眠術にかかっているのですが、あの人たちは「かかりたいから」です。でなければ番組が成り立たない。だから自らの意志でかかろうとします。

さて、催眠状態の人に対して、普通の割り箸を持ってきます。これから焼け火箸をあなたの腕に押し付けますから、ちょっと熱いかもしれませんよ、と言う。でも実際は、焼け火箸ではなくて普通の箸なので、ぜんぜん熱くない。しかし、その割り箸をピッとつけると、催眠状態の人は「ギャーッ熱い！」と言って目が覚める。実際に熱かったのでしょう。そして目覚めてから、いや、今触れたのは普通の割り箸ですよ、と本当のことを言っても、

「えー、でも熱かったんです」と言う。そして1時間ほど経つと、火ぶくれができる。そのあとに水泡ができる。要するに、完全な火傷《やけど》状態がその腕に出るのです。

しかし、くっつけたのは普通の木の割り箸で、熱くはない。それなのに「熱い」と思った結果として、火ぶくれができ、水泡ができるのです。

どういうことかというと、**人間の体の反応は、外的な、物理的な状況によるのではなくて、「認識」の問題だからです。**

以上のような話を、あるお医者さんにしました。

「どう説明します？」

と、別に意地悪で言ったのではなくて、ガチガチの医学理論で患者を診てきたお医者さんが、講演会の2次会にいらっしゃったので、では、今の催眠術の話ではこのようなことが実際に起きるのだけど、西洋医学のお医者さんとしてはどう説明しますか？　と聞いてみました。

そうしたら実は、この方は、私の話を聞くようになってから、そのような研究もやり始めたらしく、とても臨床的に詳しく話をしてくれたのです。

その方は70歳くらいの外科のお医者さんですが、

「実は、私も催眠術をかけてみたことがあります」

と言うのです。心理療法のようなものを、70年間の人生の中で知っておいたほうがいいと思って、催眠術の勉強をしたそうです。その方が言うには、割り箸ではないけれども、10円玉で同様の実験をしてみたことがあるそうです。

普通の、まったく熱していない10円玉を、催眠状態の人に、「熱い10円玉をくっつけますよ」と言って、腕につけた。するとやはり、

「熱い！」

と言って目が覚める。１～２分経ってから、10円玉の大きさに赤く腫れてしまった。さらにもう一度催眠術をかけて、同じところに、

「さあ、今度は冷える10円玉です。熱いところをなくしますよ」

と言ってくっつけたら、みるみる間にその赤くなっていたところがもとに戻ったそうです。

そういうことを自分でも見て、実際にやってみたのでよくわかります、と。

人間の体というのは、〝認識〟に反応して、いろんな現象が起きている、ということをおっしゃったので、私の催眠術の話と、お医者さんの話とが、ちゃんと嚙《か》み合ってしまっ

たのです。

実は私たちは、暑いとか寒いとか、おいしいとかまずいとかいろんなことを、ああじゃこうじゃ言っていますが、実は、外的な環境によって体が反応しているのではないようです。認識という名のフィルターを通して、自分の体に情報を与えている。

つらい、悲しい、つまらない、いやだ、嫌いだ、疲れた、不平不満、愚痴、泣き言、悪口、文句、恨み言葉、憎しみ言葉、呪い言葉、というのをずーっと宇宙に向かって投げかけながら、人生がつらい、悲しいって言っていると、そんなに生きているのがつらくて悲しいのだったら、じゃあ早く死んじゃいましょう、と、体が反応する。認識の問題です。

目の前に起きる現象が全部、嬉しい、楽しい、幸せ、愛してる、大好き、ありがとう、ツイてる、というふうに、喜びを持って認識をしていると、そんなに生きているのが嬉しくて楽しくて幸せなのだったら、**もっと長生きしちゃいましょう、と体が働くみたいです。**

ですからみなさんは、自分の実年齢が何歳であったとしても、自分の理想的な年齢を頭の中に思い浮かべ、

「あ、よく考えてみたら私、25歳だったわ」

と、今、思ってみてください。認識の問題ですから。

私は、18歳のころには32歳くらいに見えていたようで、よく旅先では、18歳なのにＯＬさんの悩みごとを聞くはめになることがありました。その後さらに年をとって42歳になっても、なぜかまだ32歳くらいに見られていました。結局私は24年間、同じ年齢に見えていたということになります。

今も、実際の年齢は60歳なのですが、自分では32歳だと思い込んでいるので、だから頭の毛が白くなりません。

同じ年齢でも、人によって、肉体的なものというのはだいぶ個人差があるもの。それは「認識の違い」があるからです。実年齢はどうでもいい。

ですから、これから１００円ショップへ行って鏡を88枚ほど買ってきて、家中に鏡を貼り、朝晩、八十八箇所めぐり（第４章参照）をして、

「25歳にしか見えない！」

と言ってみてください。若返るかもしれません。

体の細胞を、25歳のころと同じように活性化させるもう一つの方法として、**カラオケに**

行ったら自分が25歳のころ流行《はや》っていた歌を歌う、という方法があります。すると、体中の細胞が、「25歳当時」を思い出して、活性化し始めます。

ですから、これからはカラオケをするときには、最新流行の歌を歌うのはやめる、というのはどうでしょう。

カラオケというものは何気なく歌を楽しんでいるように見えますが、実は、**若返りのために、細胞を活性化させるために、という思いがけない損得勘定があるのです。**

さらに、

「私の体は超合金。風邪は引かない、病気はしない。私の体はサイボーグ（細胞グー）」

と言ってニコニコしているのはどうでしょう。

この効き目は実際にやってみた例があって、ある日、講演会が終わったあとに80歳くらいの女性がこんなことを言いにきてくれました。

その女性は、常に腰が痛くて、15分間以上座っていると痛くて痛くてそのままの姿勢でいられない。だから立ち上がって、また15分間くらいすると痛くて立っていられないので座る、という状態を繰り返さなければならない人だった。講演会に来たのはいいけれど、絶対に2時間近くもずっと座っていることはできないだろうから、と思って後ろのほうで目

立たないようにしていた。ところが、たまたまこの日に私が、

「私の体は超合金、私の体はサイボーグ、と言い聞かせればいいんですよ」

という話をして、実際にその場でみんなで口々に言ってみたのです。そうしたら、その腰が痛かった女性もつられて言ってみた結果、なんと講演会の間中ずっと座った姿勢でいても、腰が痛くならなかったのだそうです。とても喜ばれ、お礼を言って帰っていかれました。


自分の肉体は自分の意識と認識のコントロール下にある。こういう話をすると、

「では、〃なんでも〃自分の思いどおりになるんですね」

と言う人がいますが、それは違います。

宇宙が自分の思いどおりになるわけではない。自分の体は自分の認識の結果ですよ、ということです。自分の体だけ、自分の認識の結果として、そのとおりに動いている。そのように反応しているということ。

思えばそのとおりになるんですね、と言う人は、宇宙や地球上の現象、自分の体の外の現象も、念ずることによってそういうふうになるんだと、思いたがります。

しかし私が言っているのはそうではなくて、自分の体だけ、です。**自分の体のみ、自分の認識によって変わることができる、コントロールできる**、ということです。

宇宙は自分の思いどおりにならない、と思ったほうがいい。自分の思いどおりになるものだ、というふうに教え込んでいる教育セミナーみたいなものがあるのですが、努力をしなさい、頑張りなさい、必死になって念じなさい、必死になっていないからそのとおりにならないんだ、と、どんどん人間を追い込んでいく。

そういう教育のメソッドがあるのですけど、私はそういう宇宙の仕組みはない、と思います。強く思えば、念ずれば願いは叶《かな》う、必ずそのとおりになるんだ、というそんな宇宙の因果関係はない。

むしろ**宇宙は二重構造で、裏返し構造。要求すると叶わないけど、感謝をすると叶うように思います。**

500人に1人くらいは、自然治癒でガンが治ってしまう人がいますが、そういう人の共通項があります。

「ガンになる前よりも、ガンになってからのほうが、はるかに幸せだった」と思った人です。なぜ、そういうふうに思えるかというのが不思議なところでしょう。**ガ**

ンになった結果として、すごくよい仲間がいるということに気がついた。ガンで死ぬかもしれない、という人同士が、知り合って情報交換をすると、こんなに親切にしてくれる人がいるんだ、というくらいに、すごくお互いに親身になってくれるのだそうです。

競うこと、比べること、争うこと、戦うこと、抜きん出ること、それしか価値がないと思っていた。ところが、人間は、実は助け合う動物であるということが、初めて身にしみてわかるようになるそうです。病気になって、あるいは事故に遭って、自分が100%五体満足じゃないときに初めて、自分一人で生きているわけではないと知る。そして、すごく優しく温かく応援をしてくれて、手助けをしてくれる人が世の中に山ほどいるのだということを知って、その後の人生を生きることになる。病気をしなければ、永久にこういう人々に出会わなかったでしょう。

病気で1カ月間会社を休むことになってしまった、という人がいたとして、その人は、不幸だ、災難だとは決められません。

病気になって、病院で寝たきりになってしまって、仕事が滞って困ったと思うかもしれない。だけど、その1カ月間で体をゆっくり休めることができて、疲れをとることができる。

病気になる人というのは、元来、優しいから病気になるようです。優しくない人は、病気にならない。もともと優しい人が、会社で権力や責任を与えられた結果として、「優しくない人」「冷たい人」になってしまったとき、病気になるようです。**病気は、優しい人を優しい状態に戻すための宇宙現象といえます。**ですから、人間は病気になると必ず、病気になる前よりも穏やかになり、優しい人になれます。

また、病気だけでなく、事故・災難によっても同様。車で事故を起こした人は、必ず事故を起こす前よりも謙虚になります。

もともと謙虚だった人が、社会の中で権力や立場を与えられた結果、すごく驕《おご》りたかぶった心に傾いてきて、偉そうになってくる。そして、偉そうにムチャな運転をしていて、事故を起こす。そういう構造になっています。

もともと謙虚な人が、あるときから謙虚でなくなって、そして事故を起こして、また謙虚な人に戻るということなのですが、**ずーっと謙虚なままの人は、事故を起こしません。**結局、病気は不幸なことでもなく、事故も不幸ではないということに気がつきます。

求めない人

「要求」すると叶わない、「感謝」すると叶う

あれが欲しい、これが欲しい、夢や希望を実現する、という方向ではなくて、実は**普通に生活をしていることがどれほど幸せで有難いか**ということに、体験的に気がついてしまった人がいる。学校や社会では、抜きん出ること、比べること以外の価値観はない、と教えてきた。だけど、それ以外の価値観があるということを知ってしまう人がいるということです。

ですから、あれが欲しい、これが欲しい、まだまだ、もっともっと、と言っている人ほど、自分がどんなに恵まれているかに気がついていない。恵まれていて、たくさんのものを持っている人ほど、あれが足りない、これが足りない、と、足りないものを挙げ連ねます。

目が見える、耳が聞こえる、手も動く、お箸も持てる、自分の足で歩ける。その恵まれ

ていることに目を向けること。

宇宙の法則というのは、要求すると叶わないけど、感謝をすると叶う、ということです。

「じゃあ、叶えるために感謝をするのね」

残念ながら、その「叶える」というのが強いと、「ブブー」です。「叶えるために」をすべて捨てる。そして、ただ、自分がどれほど恵まれているかを知ること。何かを要求するために「ありがとう」を言うのではなくて、**本当に自分が恵まれていることに気がついて「ありがとう」を言っていると、本当に恵まれるようになる。**上のほうから見下ろしている存在がいるとすると、もっとやってあげよう、と思う。喜ばれると嬉しくて、やる気になるみたいです。年間に1万回ありがとうを言える人は、その翌年、またありがとうを1万回言いたくなるような現象が降ってきます。

何かを狙って「この現象を叶えろ」と言っている人は、「ありがとう」という言葉が出てきません。それが手に入るまで感謝をしないからです。だから、狙っている人には来ません。そして、手に入らないじゃないか、と、不平不満、愚痴、泣き言、悪口、文句を言っている人は、その言った数だけまた翌年もその文句を言いたくなるような現象が降ってきます。

ですから、これからは出会う人すべてに、

「次回会うときには、お互いに若々しく美しくなっていますよ」

と言ってみることにしましょう。

とらわれない人

「正しい」とされていることにも、間違っているものがある

言葉というものは、「長い間使っているものが正しい」「みんなが使っているものが正しい」という性質を持っています。

たとえば「新しい」という言葉は本当は「新《あら》たしい」です。きっと誰かが間違えたのでしょうけれど、これだけまかりとおってしまうと、もう間違っているとは言えなくなりました。

同じようなことがたくさんあります。

「梅檀《せんだん》は双葉より芳《かんば》し」という言葉。梅檀という植物は、芽が出てきたときからすでに、非常によい香りがする、という。天才は、幼いころからその雰囲気を漂わせている、という意味で使われます。

しかし、梅檀は香りがまったくありません。実は、白檀《びゃくだん》の間違いだったのでした。梅檀

の木と、白檀の木と、並べて種をまいていたらしく、先に芽を出したのが白檀。そしてそれが非常によい香りがしていて、これを、たぶん栴檀だろうと思った古人が「栴檀は双葉より芳し」と言ったので、それが定着してしまいました。栴檀が実際にどういうものか知らない人がほとんどですから、それで通っているということです。

高山植物の一種、七竈《ななかまど》。標高700〜800m以上のところに生育する高山植物です。小さな赤い実をつけます。これは、「7回かまどにくべても燃えない」というので七竈という名がつきました。

ところが、七竈の枝は大変よく燃えます。

どういうことかというと、七竈の木の隣に、白樺《しらかば》の枝が落ちていた。それを七竈の枝だと思って持ってきた人が、一所懸命火にくべたけれどぜんぜん燃えなかった。白樺の木というのは水分をすごくたくさん含んでいるグジュグジュの木なのです。ですから、燃やしても燃やしても、まったく燃えません。それで7回燃やしても燃えない七竈、という名をつけたのですが、実は、白樺の枝と間違えていたのです。

塩をたくさんとればとるほど血圧が上がる、ということを言われますが、これも、化学食品、塩化ナトリウムのことを指して「塩」という場合にのみ言えることであって、海からとれた塩（海塩）の場合は、あまり血圧が上がらないようです。

このように、**常識がひっくり返されることがけっこうあります。**

賞賛する人

賞賛されると、その人の味方になる

植物にも意志や感情があるらしい。ある方が実験をしました。ウソ発見器をサボテンにとりつけての実験でした。

カミソリを持ってサボテンに近づくと、ビーンと音がして、ウソ発見器の針が反応し、電波の波形が激しく上下する。**「愛してる、大好き」という言葉をかけると、フラットな線を描く。**

さらに、こんな実験もしました。同じ年代の、同じ服を着た人が３人、サボテンの前に現れます。そしてその中の１人がカミソリを持ち、サボテンの葉に傷をつけます。あとの２人は持たないで、サボテンの前を通り過ぎます。

そして１時間後、今度は３人ともカミソリを持たないで再びサボテンの前を通り過ぎます。１回目も刃物を持っていなかった２人が通り過ぎても、何も反応を示しませんが、先ほどカミソリを持って傷をつけた人物が、今度は何も持たずに通り過ぎようとしたときにはビーンと反応を示したのです。

ですから、もしミステリー小説の新人賞に応募するときには、このトリックを使って『サボテン殺人事件』などを書くといいかもしれません。

密室で犯人が誰だかわからないというときに、現場にサボテンの鉢が置いてある。すると、サボテンは意識を持ってその事件を見ているのですから、サボテンは犯人を知っている。そこへ容疑者を一人ずつ通り過ぎさせると、真犯人が通り過ぎたときにビーンと反応する……というのは面白いかもしれません。

このように、植物は意識を持っているのですが、いちばん反応しやすいのがサボテンらしいです。最もよく感情を表します。2番目がネムの木。

ハワイのカウアイ島は、癒やしの島といわれていますが、ここは島じゅうにサボテンとネムの木があふれています。ですから、もし癒やしの空間を作りたい場合には、サボテンとネムの木を植えるとよいかもしれません。

私はサボテンが好きで、何年間も世話をしていたことがありますが、毎日「愛してる、大好き」と声をかけていたら、半年後にはついにトゲが全部なくなってしまいました。つるんつるんになって、トゲのないサボテンになってしまったのです。

ということは、植物も人間と同じように、感情を持っている。身を守るために、外敵から攻撃されないようにトゲをつけていたはずなのに、私のサボテンはそのトゲを落としてしまいました。

植物は、人間に声をかけられるのが大好きです。ですから、プランターの植物は声をかけられないと枯れてしまうことがあります。植物は、人間が近寄ってくると嬉しくて嬉しくて、声をかけられると、もう天にも昇る心地。ドキドキするそうです。**賞賛されると、その人の味方になって、なんとか協力してあげたいと思うらしい。**

ですから、日常生活の中で、植物を味方につけている人は、自然の多いところへ出かけていったときには、天候などいろいろな面で、非常に恵まれた状態になっているようです。しかも植物は量が多いですから、彼らがコミュニケーションをとっているとすると、行く先々で晴れにしてくれたり、雨が降ったほうがいいときには雨を降らせてくれるようです。

摂理に
逆らわない人

なぜ、ヤシの実は「午前2時」に落ちるのか

ヤシの実が頭の上に落ちてきて死亡する人が、年間に世界中で何十人かいるのだそうです。

ヤシの実が直撃して死ぬ場合、死亡時刻というのはだいたい決まっていて、午前2時。実際に、午前2時という時間には、ヤシの実がいちばんたくさん落ちてくるそうです。これは世界中、どこでもそうで、時差はあるのに、その土地での午前2時ということです。

ヤシの実は、遺伝子の中に、落ちるのにいちばん安全なときを選んで落ちるように組み込んでいるのです。つまり、下に人がいたら死なせるかもしれないということが、何千年もの遺伝子の経験として、昼間に落ちると死ぬ人が多いということを学んできたわけです。午前2時くらいの、人間が寝静まっているときだったら大丈夫、ということでその時間帯に落ちるようになっている。

それでたまに、ヤシの実の直撃を受けて死ぬ人がいるのですが、それは午前2時にヤシの木の下を歩いているからです。

ですから、もし夜中の2時にヤシの木の下を歩くことになったら、ちゃんと前もって、

「今日は午前2時に歩くから、実を落とすのは3時くらいにしてください」

と言い聞かせておくといいかもしれません。

受け入れる人

「晴れたらプラス、雨だったらゼロ」と考える

執着を捨てて受け入れるということが、なかなかできないといいますが、たとえば、子どもの「遠足」または「運動会」の前日というのを想像してみてください。

「明日は、絶対に晴れてくれないといやだ！」

と思っている子がいるとします。

その子にとっては、晴れてあたりまえ、つまり「ゼロ」です。雨や曇りはもちろん「マイナス」と思うでしょう。

ところが、もう一人の子どもは、

「晴れたら嬉しい、晴れたらいいな」

と思っているとする。

その子にとっては、**晴れたら「プラス」、雨や曇りだったら「ゼロ」です。**

２人の違いがわかりますか。

これが「執着」というものの姿です。「執着」があると、プラスを感じることができないという、大変に損なタイプになってしまうということがわかると思います。

「絶対にこうじゃないといやだ！」「何がなんでも望みを叶えるんだ」と思っている人は、自分の思いどおりになってあたりまえ、ならなかったらマイナス、ということで結局は「プラス」という喜びを感じることがない人生を送ることになってしまうのです。

「こうなったらいいな。まあ、ならなくてもそれはそれでしょうがないけどね」

というふうに執着をしないでいられる人は、自分の思いどおりになったらとても喜びを感じることができ、ならなかったとしても別段「マイナス」ととらえて落ち込んでしまうようなことはない。

それで、現象を自分の思いどおりに作り替えることはすごく難しいけれども、実は、「私」自身を作り替えることは、早い人で半年か1年、いちばん早い人は3秒でできます。

今まで悩んで苦しんできて、たくさんのものを抱えていても、今、３秒間で悩み苦しみがなくなってしまう人もいる。でも、同じことを聞いても、15年間くらいずっと悩み苦しみ続けている人もいる。それはその人の趣味ですから。私は**悩み苦しみがゼロになる方程**

式を言っているというだけです。みなさんが幸せになるかどうかは、みなさん次第なので

あって、私がどうこうすることはできません。

1秒目、過去のすべてを受け入れること。

2秒目、現在のすべてを受け入れること。

3秒目、未来のすべてを受け入れること。

これで終わりです。もうこの瞬間から、評価論評はなし。

すべてのことについて、ああじゃこうじゃと評価論評するのを全部やめる。過去のすべてを受け入れて、現在のすべてを受け入れて、未来のすべてを受け入れることです。

最後に、「人間」の定義を振り返っておきます。人生が、人間関係が、スムーズに流れていくためには次のことを知っておくといいでしょう。

約500万年前、オランウータン、ゴリラ、マントヒヒ、チンパンジー、サル、ヒト、などに、霊長類が分かれました。このうち、いちばん弱く、毛皮がなく、その代わりに火や道具を使い、さらに音（太鼓など）や言葉を使うようになったのが「ヒト」です。この「ヒト」が「感謝」をしたときのみ、初めて「人間」となりました。

「ヒト」は一人でいるときは「ヒト」、「ヒト」の間にいるときは「人間」。「感謝」は神によって「ヒト」だけに与えられたものでした。**「感謝」ができたとき、「ヒト」は「ヒトの間に存在するヒト」＝人間、になるのです。**

第2章

「魅力的な人」の人づきあいの法則

「強い子」とは

「あなたはあなたのままでいい」

子育てにおいて、いじめや不登校で悩んでいるという相談を受けることがあります。

「強い子」に育てるとは、一般的には、強い決意を持って、意志を貫いて志望校を目指す、というような子に育てることだと思われるでしょう。

しかし、そうやって子どもが追い詰められて、自殺や不登校になってしまうとしたら、親や教師がそのような考えでしか接してやれなかったからなのではないでしょうか。

I love you because you are No.1.

というのではなく、

I love you because you are YOU.

「あなたはあなたのままでいい。あなたがあなただから、好きなのよ」と言ってあげられることが、本当にその子のことを愛しているということです。

世の中には、自分の思いどおりにならないことがほとんど。ですから、思いどおりにならなくてもメゲない、クヨクヨしない子に育てることが、本当に「強い子」を育てることでしょう。

親や教師は、

「人生がうまくいっているときは、先生や親を思い出さなくていい。失敗や挫折をして、壁にぶつかってどうにもならなくなったときにだけ、思い出して、相談に来なさい」

と言ってあげたらどうでしょう。

問題は何もない

悩みを生むのは「現象」ではなく「評価」

子どもが不登校になっちゃったんですけど、と、講演会の終了時に言いに来る親が、年間に100人くらいいます。

「不登校になってしまったのですけど」

と言うので、私は続きがあると思って黙って顔を見ています。すると、不登校になっちゃったんですけど。と、10秒後に言い直します。けど、で終わっている。不登校になってしまったんですけど、と言えば、必ず相談された側が、それは困ったことですね、という反応を示すと思っているために、「けど」で終わる。

3回くらい、「不登校になってしまったのですけど」と言って黙っているので、私はそのあと何も出てこないので、一応、重たい口を開いて、

「だから何?」

不登校になったことがいけないと誰が決めたんですか？　過去のすべてを受け入れること、現在のすべてを受け入れること、未来のすべてを受け入れること、この3秒を自分の心の中に焼きつける。すると、**不登校になったということが、どこにも何も問題がないということに気がつく。**何が問題なのか？　子どもがいろんな状況を勘案して、母親にも言えないことがある、先生にも言えないことがある、誰にも言えないことがあって、この状況を全部知っているのはその子一人だけ。その子どもが、何も解決策がないから、自分の解決方法としては、もう家にいて、学校に行かないことだけだと判断をしたのでしょう。そうしたら、

「あなたがどういう結論を出したとしても、私はあなたの親なのだから、ずっとあなたの味方をしてあげる」

と言ってあげることが、親のポジションではないでしょうか。この子を自分の思いどおりにする、あるいは常識どおりに学校へ行かせることが、絶対的に正しいんだ、と思い込むことをやめる。

問題がある。現象がある。その現象が一つ存在することと、それに対して自分が感情的にどう反応するかということは、まったく別物の、二つの問題です。

みなさんは、子どもが不登校だから、自分がオロオロして悲しくてつらい、ということが一つの問題だと思っている。しかし実は、問題は二つに分かれる。

子どもが不登校になった、という出来事と、それに対して自分がどう考えてどう感じて、どういう感情でいるか、その問題は別のものです。

出来事は出来事で、感情は別問題。本人は、問題だ問題だと言っているのだけど、それは気に入らない、気に入らないと言っているだけで、あなたがそれを気に入らないと言わなくなったらどこかに問題があるんですか、と冷静にそう聞いたら、ああ、騒いでいるのは私だけでどこにも問題はないです、と気がつきます。

ですから**問題ははじめからないのです。**どんなに挫折しても、メゲない子を育てることを考えたらいかがでしょうか。人生には、思いどおりにならないことのほうが圧倒的に多い。ほとんどのことが思いどおりにならないと思ったほうがいい。しかし、それでもいちいちメゲたり自殺しようと考えたりしない、そういう「強い子」に育ててあげたほうがいいでしょう。

そういうことなので「で、何が問題なんですか」というのを言い換えると「だから何」

なのですが、結局**自分がいちばん楽な生き方というのは、受け入れられるような自分の心を作ること。**それを子どもに教えてあげられるかどうか。そして、人生が順調なときは親のことは忘れていても、挫折したときに、思い出して親を頼りなさい、と言ってあげるのはどうでしょう。

自分の周りの状況が、全部気に入らない、気に入らないと言っている人は、何をいちばんつらくしているかというと、自分をいちばんつらくしている。自分の気に入らないことを、自分の気に入るようにしようとするのには、５００年かかる。

ですから、他人の問題にああじゃこうじゃと正義感や関心を持たないで、そういうことを見ていても**平然としていられて、自分の仕事を淡々とできる人になったら、自分がいちばん楽ということです。**

否定をしない

子どもの要求を叶えてあげる

子どもがウツで、ほとんど外出できない状態なので困っている、という母親がいました。

「**別に無理して社会に出なくてもいいのだから、本人のやりたいことをやらせていればいいのではないですか。**家の中でできること、たとえば絵を描くとか、そういうことをやらせてみたらどうですか」

という話をしました。すると、

「実は、油絵をやりたいと言うんです」

と言う。それはよかったじゃないですか、と言うと、

「でも、あの子は気まぐれで言っているだけだから、どうせ続かないと思う」と。

私はまったくわけがわかりませんでした。この母親の考えていることがまったく理解できません。ウツやひきこもりの状態にある子どもが、「絵を描きたい」と言い出すこと自体、

奇跡的なことなのに、なぜそれをやらせないのでしょうか？

だって油絵は道具が高いから……すぐに飽きてしまって放り出すのだろうから……、ということで渋っている。

「おそらくあなたは、そうやってもう何年間も、子どものやりたいことや言っていることを否定してきたのではないですか」

と私は言いました。

私には2人の娘がいますが、私は子どもの要求を、なるべく叶えてやろうと思っています。そう言うと、次から次へと子どもの要求を叶えてやっていたら大変ではないですか、と言う人がいるのですが、**本当に100％叶えてあげていたら、子どもはめったに要求をしないようになります。**

次々に何か言ってくるのは、親が何も叶えてやらないから。次から次へと100個も要求してくる子どもは、そのうち98個はダミーで、本当に必要なお願いは、年に2個くらいです。

知的障害児である長女が、携帯電話が欲しい、と言ったことがありました。そのときも、必要ない、とは言わないで買った。私も妻も次女も、家族みんなが持っているのを見て、長女も、自分だけ持っていないのに気づいて、欲しくなったというのです。

しかし長女は、その買ってあげた携帯電話を首から下げて、寝るときも片時も離さずに大事に持っていたのは、はじめの3日間くらいで、あとは机の上にポンと置いてありました。

そういうことになっても、私は別に「だから携帯電話なんて必要ないんだ」と言って買ってあげないということにはならないのです。

もし私の子どもが、油絵をやりたいと言い出して、絵の具を一式そろえてやり、でもすぐに飽きてしまって、また次の何かをやりたいと言い出したとしても、私はやらせてあげると思います。

その母親は、どうせすぐに飽きて投げ出すのだから、とか、すぐやめることになったらお金がもったいないというような、自分の側だけの言い分で、子どものやりたいことを否定し続けてきたのだと思います。その結果が、「ウツ」や「ひきこもり」という形となって表れているのではないですか、と私は言いました。


子どもの問題と、自分の問題と、ごちゃごちゃになっている母親が多いようです。

芽を摘まない

たった一つの「否定」が子どもの芽を摘む

授業参観の日のこと。その日は、お好み焼きの絵を描くという時間があったそうです。お好み焼きに入れる具を、思いつくままに言ってみましょう、と先生が言いました。

そして、子どもがニコニコしながらいろんなものを言っていたのですが、ある子どもが、「チーズ」と言いました。すると、その先生は、

「チーズ？　それはないな」

と言ったのだそうです。しかし、その子は実際に、親に連れられてお好み焼き屋に行ったとき、チーズの入ったお好み焼きを食べたことがあった。

だから、子どもが思いつきで言ったのではなくて、実際に食べたことがあるのを言った。ところが先生は「それはない」と言う。すると、教室の空気が一変したのだそうです。それまでニコニコと楽しそうに手を挙げていた子どもたちの顔から笑顔が消えて、先生が「な

るほど、それはありそうだ」と言うものしか言わなくなった。

授業のあと、参観していた母親は、「授業の感想がありますか」と問われて、何も言わずに帰ろうと思っていたそうですが、思わず言ってしまったそうです。

先生のひとことによって、教室の空気が一変した。それから生徒が先生の気に入るようなことしか言わなくなった。先生、どうしてあのときあんなことを言ったのですか、と。たしかにチーズはお好み焼きにはあまり入れないかもしれないけれど、なるほど面白いね、今度やってみようかな、ということだったら、もっと活性化して面白かったかもしれない。

それに対して先生は涙を流してこう言ったそうです。

「実は自分が教師を志したときに、そういうことを言わない教師になろうと、子どもの創造性を摘み取るような教師にはならないと決意をしていたはずなのに、いつのまにかそんなことを言うようになってしまったんですね」

それはない、と先生が言ったひとことによって、もう子どもたちはそこでストップしてしまって、そこから先へは伸びなくなってしまったのです。

自分でそう思ったのなら、それでいい、とフォローしてあげることができたら、子ども

は伸びていったかもしれません。しかし、多くの子どもは、先生が「そうだね」と言ってくれるような答えしか言わなくなる。それが現実のようです。

これは、「教師と生徒」の関係だけでなく、「親と子ども」の関係にもありえます。子どもが何か非常に創造的な、楽しそうなことを言った瞬間に、「そんなのはないよ」と、親が言ってしまったら、親が「そうだね」と言ってくれることしか言わない子どもになる。

岡本太郎《おかもとたろう》（芸術家）は、岡本一平《いっぺい》（マンガ家、作詞家）と岡本かの子《こ》（小説家）という2人の天才から生まれた人です。

岡本太郎は、親から、雲は何色だ？　と聞かれて、「白」と答えると、

「お前には白に見えるのか？」

と言われたそうです。そして、

「白に見えてもいいけれど、白に見えないこともあるだろう」

赤に見えたら赤に描け。青に見えたら青に描け。みんなが白と言うから白に描く、のはやめろ、と言われたのだそうです。

こういう親の教育はすごいと思います。一面的に勝手に決め込むな、ということを教え

た。

「見えたものがお前にとっての真実なのだから、青に見えたのなら青に描きなさい」

と。これが、人間の想像性をかきたてていくのでしょう。

子どもの言ったことをピシャッと否定することによって、その子の持っている天賦の才能は摘まれていきます。**子育ての本質は、子どもが人と違ったことを言ったときに、親がそれを「面白いね」と肯定してあげること。**その子は天才の芽を摘まれずに育っていくことができるでしょう。

「氷が溶けると何になりますか？」と問われて、生徒たちは、

「水になります」

と答えるのですが、一人の子どもが、

「春になります」

と答えました。それを、×とした小学校の先生がいた。

それが教育研修会で報告されて、「これは×にすべきでしょうか」という話題になったのです。

「氷が溶けると、春になります」という発想ができる人が、詩人や芸術家になるのでしょう。そして、そのような感性を大事にしたい、と思うのです。

かえしの法則

「感謝」「笑顔」「賞賛」が人にエネルギーを吹き込む

「人間にエネルギーを吹き込むものとは何か」という角度から考えると、「感謝」「笑顔」「賞賛」の三つが挙げられます。

私はこれらの頭文字をとって**「かえしの法則」**と名づけました。

「ありがとう」と感謝されると元気になる。そして「笑顔」を向けられると元気になる。さらに「今日の服は素敵ですね」など、なんでもいいからほめられると、元気になるのです。

これら三つの反対の概念は、「あらさがし」「不機嫌」「不平不満」です。これらは、周囲の人々のエネルギーを奪い取るものです。不機嫌な顔をして、不平不満を言い、ネガティブな見方であらさがしをしていれば、相手はエネルギーダウンした状態になり、病気がちになったり、ウツになったりするかもしれません。

病気の人では、薬や栄養や休養と同時に、「感謝」「笑顔」「賞賛」の三つによってエネルギーを充電してあげると、元気になっていくことでしょう。

　エネルギーダウンしている人がいたら、「頑張って」と言うのではなく、「感謝」「笑顔」「賞賛」で、**あなたはあなたのままでいい、あなたがいてくれて嬉しい、と言ってあげることで、その人は元気を取り戻します。**「頑張って」は、その人のそれまでやってきたことを9割は否定してしまっていることになる。今のあなたでいい、というメッセージを送ることで、元気になるようです。

　さらに、人間だけでなく、「賞賛」をたくさん浴びた「物質」も、エネルギーを貯《た》めているらしい。富士山《ふじさん》や、名画、名品と言われるものは、そのように言われ続けて、エネルギーを貯めているのでしょう。

　人間も、ほめられればエネルギーが充電されます。ほめられた人は「賞賛のエネルギー」で充電され、元気になるということがわかると、人間関係がよりスムーズになるのではないでしょうか。

「ほめっぱなしメガネ」で人を見つめ、いつも温かく優しい言葉を投げかける人の周りには、常に温かさが満ちていくでしょう。

力を入れない

「力」を入れると「力」が出ない

スポーツの世界では「優勝」という言葉はとても輝かしく思えますが、本来は、「優勝劣敗」という4文字熟語の上の2文字です。ですから、本来の言葉の意味は「優れた者が勝ち、劣ったものが敗れる」という非常に冷たい言葉。勝った者は優れているけれど、負けた者は劣っている、という。これは西洋的発想といえます。

たとえば暑い夏の盛りに、クーラーをつけて気温を下げようとするのが西洋思想、**窓を開け放して、風鈴を軒に下げ、「チリン、チリン」という涼しげな音によって涼を感じるのが東洋思想です。**

長らく「優勝劣敗」の法則がまかりとおっていたスポーツの世界でも、21世紀からは、西洋思想から東洋思想へ切り替わっているように思います。2000年に1度、この二つの価値観は振り子のように入れ替わるのですが、東洋側の価値観で生きよう、という側に切り替わるのは4000年に1度のことですから、この時期に生きている私たちは、大変に面白いスポーツの楽しみ方ができるわけです。

他人に甘える

「自分でなんとかするぞ」と思わないで甘えてみる

自分の力でなんとかするぞ、ということを考えないで、まず、「甘えること」を考えるようにしてみませんか。**自分の力で必ずすると考えることを優先順位の一番に考えるのではなく、人に甘えることを第一に考えてみる。**

倉本聰《くらもとそう》さんという脚本家がいます。

東京出身の人ですが、NHKのドラマ制作でトラブルが生じ、それが原因で北海道に移住しました。

富良野《ふらの》に住もうと決心したのですが、富良野の冬の厳しさを前に、途方に暮れてしまった。

そこで、一人ではどうにもならなくなって、地元の村人たちに助けを求めたのです。

まず、住むところを見つけましたが、すきま風がひどい。さらに、お風呂がないので、銭湯に行けばいいと思っていたのだけれど、富良野には、徒歩圏内にそんなものはありません。麓郷《ろくごう》という、富良野の駅から16㎞離れたところに住み始めたのですが、まず、倉本さんが考えたことは、自分の力でなんとかすることではなくて、村人たちに「甘える」ことでした。地元の人々に、どうすればいいでしょうか、と相談したのです。

そうしたら、「風呂を作ってやる」と言ってくれた人もいたし、「オレのところへ風呂に入りに来ればいいじゃないか」と言ってくれた人もいた。そのようにして、毎日、お世話になっているうちに、寒さを防ぐ方法、富良野の冬を乗り切る方法を、どんどん教えてくれたのだそうです。

そして、その知恵をもとに、『北の国から』（フジテレビ系）という作品が生まれ、大ヒットすることになりました。

自分で一所懸命考えて、冬を乗り切る方法を考え出したのでは、おそらくものすごい時間がかかったでしょう。**倉本さんは、地元の人に甘えることによって、受け入れてもらったのです。**

ただでさえ、東京のよそ者が来た、ということで、村人たちは少し引いて見ているわけです。そこで、〝オレはオレで生きるぞ〟と言っていたのでは、〝関わらないでおこう〟、となるわけですが、倉本さんが甘えるところから、人間関係が始まったのでした。

感情的にならない

淡々と伝えれば、相手は気持ちよく動く

マンションの管理会社に勤めている方で、住人のクレーム電話を受ける仕事をしている人から相談を受けました。

そのクレームを、修理をする人たちへ伝えるのですが、その人たちが、なかなか修理に行ってくれないのだそうです。それで、どうすればいいでしょうか、という質問でした。

修理をする人たちも、修理に行かなければならないことはわかっているのだと思います。ですから、**クレームの電話を受けたあなたは、感情的にならないで、ただ、淡々と事実を伝えればいいのだと思います**、と私は言いました。

おそらく、修理をする人は、その連絡を受けたときに、行かなければならないことはわかっている。しかし、修理に行くと、その住人が、まるで人間扱いしてくれないようなひどい対応をするのではないでしょうか。それで行くのがいやになっているのだと思います。

それからは、クレーム電話を受ける人も、感情的にならず、淡々と修理に行ってほしいことを伝えるようにしたそうです。すると、**修理に行く人の態度が一変し、快く修理に行ってくれるようになったそうです。**

それまでは、電話だけのやり取りだったのが、とてもマイルドな関係になったそうです。

男性と女性

「わかり合えない」理由は一つしかない

男と女はわかり合えないと思ったほうがよさそうです。

そういう前提でいたほうがトラブルにならないという話です。女性は、永久に男性を理解できることはないし、男性も、永久に女性を理解できることはない。まったく違う造りの生物だからです。女性はみんな優秀。男性はバカだからです。

女性陣は、真なるもの、善なるもの、美であるものに対して、非常にセンシティブでちゃんとしています。すべてのものが正論です。

すごくきちんとしたセンサーがたくさんできている。たとえば、絵の具を持って新緑の山へ行って、この新緑を何種類の絵の具で描き分けようか、というときに、女性は20色、若草色や、アオミドリや、こんなにたくさんの色があるのね、というふうに、20色くらい認識します。

ところが、一緒に行った男性も同じく20色見えていると思っていると、女性と男性は永久にわかり合えません。男性の目には10色にしか見えていない。なぜかというと、神は男性を雑に造ったからです。

今度は、紅葉を見に行ったとします。

女性は、紅葉を絵の具を使って描こうとすると、20色くらい必要だと思う。そして男性は、10色しか認識しない。

認識の〝センサー〟がまったく違うので、わかり合えません。

男はものすごく雑に造ってあって、緻密に造られていないので、ある意味ではかわいそうな存在。だから正論を言ってもわからない。

たとえば女性の場合は、面白い本を読み始めると、一冊のうち3分の1読んで本を閉じて、家事か何かをして、また3分の1読んで、またほかの用事をやって、また残りの3分の1読んで、そして一冊読み終わると、次の本に取り掛かるというパターンをとります。

しかし、男性はというと、そうではない。3分の1まで読むと、伏せておいて、そして別の本を4分の1くらい読む。伏せておいて、次の本を5分の1読む、ということで20冊くらいそういうのがザーッとあって、どれか読んだのかというと、一冊も読んでいない。男性は、完成度が低いのです。

この話を夫婦で知ったら、今日から夫は妻から優しくしてもらえるでしょう。だから地球上には人類というものがあるのではなく、まったく異なった永久にわかり合えない2種類がいると思いましょう。

相性がよい人

「運命の人」は笑いのタイミングが合う人

講演会の会場で、みんなが笑っているのだけど自分はオチがわからなかったという場合、隣の人に聞いてそれからちょっと遅れて笑う人がいます。独身の人だったら、**自分と同じように20秒遅れで笑っている人がいたらチェックしておくことをおすすめします。その人とは相性がいい。**その人と結婚すると、結婚生活でテレビのお笑い番組を見ているときに2人ともが20秒遅れで笑う。この笑いの相性は重要。夫がすぐ笑って、嫁さんが20秒遅れで「あははは」と、笑いのタイミングが合わないと相性が悪い。

また、着ている服が上下とも同じ色という人が偶然いたら、独身同士だったらこれもチェックしておくことをおすすめします。前もって打ち合わせをしたわけでもないのに、上下とも服の色が同じ、というのは相性がいいのです。

ＯＬさんで、最近、会社が面白くないのですが、辞めたほうがいいのでしょうか、それ

とも我慢すべきでしょうか、という相談をされる方がいます。私は、

「辞めればいいと思います」

と言います。

「どうしてぜんぜん事情を聞いていないのに辞めれば、なんて言えるのですか」

と言うので、だってあなた辞めたいのでしょう？　と言うと、どうしてわかるんですか、と聞きます。

辞めたくなければ相談に来ないのです。楽しくて辞めたくない人は、どうしたらいいでしょうかと言いに来ない。私はその希望どおりに言ってあげているだけです。

離婚したほうがいいでしょうか、しないほうがいいでしょうか、という質問をする人もいるのですが、「すれば」と言うと、事情も聞かないでそんなこと言うのですか、と言うので、

「だって離婚したいという希望を持っているから相談に来るんでしょう」

「どうしてわかるんですか」

希望していない人はそういう相談に来ないのだから、自分の希望どおりにすれば、ということです。

このような質問のメカニズムをわかってしまうと、実は**質問をしに来ているけれども自分の中で答えを出している**ということでもあります。質問という形をとっているけれども、誰かにダメ押しをしてもらいたいだけ。

でも本人がああじゃこうじゃ言っているだけで、離婚すれば、と言うと、でもよいところもたくさんあって……。じゃあ一緒にいれば、と言うと、でもいやなところもたくさんあって……。結局、愚痴を言いたいだけです。

離婚をしたいのだったら、ああだこうだ相手の悪口を言わないで、笑顔で離婚をする。離婚しないのだったらああだこうだ言わないで一緒にいる。どちらかです。離婚すること自体に問題があるわけではなくて、うじゃうじゃ言うことのほうがずっと問題。うじゃうじゃ言い慣れてしまっていると、眉間が狭まっていって、部品が全部まんなかに集中するようになって、口がへの字になって、ものすごくかわいくない。そういう顔が夫の目の前にあると、夫は見ていたくないから、ああだこうだ言う。**明るくて楽しそうな顔をしていたら、その人が目の前にいたほうが楽しい。**その顔を見たらいつも笑っちゃうよね、フフ。という顔だったら、その人がいてくれたほうがいいでしょう。

呼び捨てにしない

素敵な人は誰に対しても「○○さん」と呼ぶ

人格が優れている人の共通項の一つに、**周りの人すべてに対して、決して呼び捨てで呼ぶことはなく、必ず「○○さん」と呼ぶ**、という点が挙げられます。

それはたとえ年下の相手に対しても、部下に対しても、子どもに対しても、です。

普通は自分が上の立場だったら、相手を「○○君」と呼ぶでしょう。しかし、たとえ自分が社長という立場の人間であっても、その中でいちばん偉い・強い立場に立っていたとしても、すべての人を「○○さん」と呼ぶ人は素敵な人に見えます。

特に、上司が部下を、教師が生徒を、先輩が後輩を、夫が妻を、親が子どもを、という関係で、上の立場にある者は相手を「○○君」と呼んだり、ひどい場合は呼び捨てにしたりしているものです。

普通はそうなのですが、自分はそうしないで、すべての人を、特に目下の相手にも「さん」づけで呼ぼう、と、そのように実践している人は、「尊敬」されると思います。

私自身、大学生のころは、年下の人に対して、「○○君」と呼んでいました。しかしあるとき、精神科学研究会という研究会に属していた私は、恩師が、すべての生徒に対して「○○さん」と呼び、年下の者たちに対して一貫して丁寧な言葉遣いをしていることに気がつきました。

そのような恩師の姿を見て「かっこいい」と衝撃を受け、以後、自分もそのようにしよう、と決めたのです。

結婚生活においては、好きとか愛情とかいうものは、生物学的には3年間でリミットが来てしまうものなのだとか。では、どうすれば20年間も40年間も添い遂げられる人間がいるのか？　というとそれは**「尊敬」という概念が、3年間一緒にいる間に、お互いの間に形成されたからです。**

では、「尊敬」される夫であるにはどうしたらいいのか。

それは簡単なことです。妻や子どもを呼ぶとき「○○さん」と呼ぶことも一つでしょう。決して呼び捨てにしたり、「おーい」とかいう呼び方ではなく。

「尊敬されるには」と構える必要はなくて、ただ日常生活の中で、こういった点を実践していることがいちばんの早道です。

ちなみに**私は30歳で結婚して以来、妻を呼ぶときも、「○○さん」と呼ぶようにしてきました。**

その話を聞いて、ではやってみようということになった知人がいるのですが、今では妻や娘から「お父さんかっこいい」と言われているそうです。

「親友」とは

「裏切り」はいつも「親友」から受ける理由

30年ほど前は、自分の体の外側に幸せというものがあると、信じ込まされていました。それから、だんだんわかってきたことは、**不幸や悲劇は存在しない。そう思う心があるだけだ**、ということで、20歳から40歳くらいまで言い続けてきました。そして40歳あたりからは、別のことを言い始めました。実は、**幸福という現象も、存在しない。そう思う心があるだけ。**

不幸や悲劇は存在しない、そう思う心があるだけだ。これは実は、宇宙現象の半分しか説明していませんでした。幸せ、幸福という現象も実は、そう思う心があるだけであって、現象は存在していない。それが唯物論としての結論になったのです。

そう思う心があるだけだ。それがわかってしまうと、もう少し具体的に話ができるようになりました。

目の前にある現象が通り過ぎようとする。その現象について「私」が関心を持たなかったら、それはただ通り過ぎるだけの現象である。**「私」が「面白い」と思ったら、その現象は「私」にとってのみ、「面白い」現象となった。**「私」にとっては面白い現象になったけれども、「私」の隣にいる人には、なんにも関係がない。

では、「私」が面白いと思わなかったら？　その現象はただ通り過ぎるだけの、「私」にとっては縁もゆかりもない現象が通り過ぎていくだけである。

では「私」が「つらい、悲しい」と思ったとする。すると、「つらい、悲しい」と思った瞬間に、その現象は「私」にとって「つらい、悲しい」現象になった。

では、「私」が「つらい、悲しい」と思わなかったら？　その現象はただ通り過ぎるだけの、「私」にとっては縁もゆかりもない現象が通り過ぎていくだけである。

そういうことがわかってきたので、では**「幸せ」というものも、「私」が「ああ、幸せ」と思った瞬間に、その現象は「私」にとってのみ「幸せ」な現象になったということです。**自分が「幸せ」と思ったら、それが「幸せ」。これを「自由」といいます。自由とは、「自らに由《よ》る」ということです。

どこへでも好きなところへ行けるというのが「自由」の本質的な意味ではなくて、「目の前に起きてくる現象を、どうとらえるか」、それが「自由」という言葉の本質です。それは全部「自分が決める」ということでもあります。

ですから、私はみなさんを幸せにしてあげるというつもりもないし、することができるとは思いませんが、「幸せになってしまう」、しかも**100%以上の幸せを得てしまう宇宙の方程式**をお伝えすることはできます。120%でも150%でも好きなだけ幸せになることはできますが、方程式を使わなければいつまで経っても幸せを感じることはできないでしょう。

幸せを得るためには、幸せは感じるものであるということを知ることです。幸せに「なる」という現象はどこにもない。幸せに「なる」という現象、幸せを「手に入れる」という現象が存在しているわけではない。すべての人が指を差して「幸せ」といえるような現象はどこにもなくて、「幸せ」とは、まったく個人にのみ帰属する現象なのです。

それがわかったら、**この瞬間に幸せを感じられればそれでいい。手に入れるものではなくて、感じるものだからです。**

この腰痛が治ったら、孫が志望校に合格できたら幸せを感じられるのに、と言っている人は、次々と条件設定をしていきます。この条件がクリアされたら、また別の気になることを探し出して、結局いつまでも満足しないで、求め続けなければいけないと教育されてきたのです。そのように洗脳されてきたということです。

先日、午前2時くらいに電話が鳴りました。ある人が、家の新築を友人の工務店に頼んだそうですが、1週間ほどして大雨が降ったら、雨漏りがするのだそうです。そして、その工務店の友人に、ひどいじゃないか、と抗議をしたら、なんだかんだと言い返されて激しく罵倒されてしまった。

その工務店の友人というのは、家族ぐるみのつきあいで、親友だったそうなのですが、その親友に激しく罵倒されて、裏切られたような気分になってすっかり落ち込んでしまっている。なんとか立ち直るにはどうすればいいか、という電話でした。

そこで私はこういう話をしました。人間の悩み苦しみのうちには、1％だけ「降りかかる火の粉」というのがあります。それは、健康の問題とか、財産の問題とか、法律、犯罪に属する問題です。そういう問題はすべて専門家が待ち受けています。医者や弁護士のところへ行けばいいわけです。

降りかかる火の粉は、火の粉を払うための専門家がいます。だからそういう問題を相談されたとき、私は、そういった専門家のところへ行ってください、と言うことにしています。私たち素人が変な判断を下さないほうがいいと思うからです。

では、残りの99％。つまり、雨漏りがして、それを請け負った工務店の親友に、反対に文句を言われて落ち込んでしまった、という話は、「降りかかる火の粉」ではなくて、ただ不愉快だというだけでしょう。

雨漏りを直してほしいということですか、と聞いたら、もうほかの業者に頼んで直してもらったのでそれはもういい、ということでした。

では、そのお金を取り戻したいということですか、と聞いたら、いや別にお金の話ではない、という。ただ、その親友に裏切られたのが、つらくてつらくてしょうがない、と。では、実利の問題はなくて、気持ちの問題なのですね、ということで、その1％の「降りかかる火の粉」と99％の違いの話をしました。

99％の問題は、自分がいやだ、嫌いだ、不愉快だ、と思っているだけの問題なのです。だから**それを思わなければいいじゃないですか**、と私は言いました。

だって親友に裏切られたんです、つらくてしょうがないんです、と言うので、

「今まであなたは、親友という人に何人出会ってきましたか」

何人の人を「親友」だと言ってきたか。その人は、何も答えませんでしたが、私は、

「おそらく『親友』と思った人の数だけ、『裏切られた』という言葉を使ってきたのではないかと思いますけど、どうですか」

と言いました。10秒くらい経って、まったくそのとおりです、という答えが返ってきました。

とりあえず、「親友」という言葉を乱発している人は、なぜか、「裏切られた」という言葉も乱発します。

「親友」と「裏切られた」は、なぜか対句のように、同じ数だけ使われているようです。

じゃあ、「親友」と思わないのだったらどう思えばいいのですか、と言うので、**「裏切られた」という事実はない**、と申し上げました。**ただ人を見る目がなかった、というだけです。**勝手に思い込んだのではなかったか。

「女性」を楽しむ

うまくいかない家庭には「夫が2人」いる

あるとき、友人たちとの雑談の中で、ファッションについて話題になりました。ほとんどが女性だったためか、やはりファッションは大きな関心事であるようです。たとえば、英国のファッションでトラッド（伝統）という着こなし方があります。英国のトラッド（伝統的）な色の組み合わせ方というのは、色が少なければ少ないほどいいとされています。黒1色とか、白1色というものが、いちばんフォーマルな装いです。多色にしたとしても、2色まで。どうしてもというなら3色まで。

1回に身につける色は3色まで、というのが基本なのです。日常的には2色。とにかく色を少なくすることが、英国のトラッドなファッションということです。

ファッションの勉強をすると、色をいかに少なく抑えて、着こなすことができるかが、センスのよさであることに気づきます。

また、皮製品をすべて同じ色・素材でまとめるというのも、センスのよいコーディネートの仕方。腕時計とベルトと靴が同じ色、同じ素材でそろっていると、品がよくまとまった印象になります。

それから、スカート丈は、足がいちばん細く見える部分の丈のものにしておくと、足がきれいに見えます。足がきれいに見える丈というのは、人によってヒザ上だったり、ヒザ下だったり、足首だったりということです。

また、背の高い人は、カジュアルな装いもサマになりますが、背の低い人があまりカジュアルな格好をしていると、本人が思っているよりも幾分、貧相なイメージになってしまいます。

反対に、背の高い人がドレッシーにキメていると、本人が思っているよりも大げさに派手に見えてしまい、〝結婚式にでも行くのですか〟と言われてしまいます。

ですから身長の低い人は、いつもちゃんとした格好をしていたほうがいいけれど、それを意識してさえいれば〝あの人は趣味がいい〟という印象を持たれることになります。

そんな会話のあと、女性たちはおしゃれを楽しむようになって、表情も明るくなっていました。

女性の場合は特に、ファッションを楽しめる幅が広いように思います。女性はスカートでもズボンでも好きなほうを選べるし、ショートヘアもロングヘアも楽しむことができるから、両方を楽しめていいなあと思うのです。

「毎日、満員電車で通勤しているし、スカートよりズボンのほうが仕事がしやすいから」と、彼女たちは言うのですが、もっと女性であることを楽しんだらいいのに、と思って見ていました。そこへ、先ほどの話題が出てから、みんながファッションを楽しむようになってきたのです。それまで「仕事がしにくいから」「自分には似合わないから」と言っていた女性たちも、女性らしいファッションを楽しむようになりました。やはり**女性は女性であることを楽しんでいると、魅力的に見えます。**何より表情や話題が、明るくなります。

以前、乳ガン、子宮ガン、卵巣腫瘍になる女性の共通項として、「女であることを拒否している人」というお話をしました。「女になんか生まれてこなければよかった、今度生まれてくるときは絶対に男に生まれたい」と思い続けていると、そのように体は傷んでしまう、ということのようです。

その話を聞いて、「私はそんなことはない」と反論した女性が数人いらっしゃいましたが、「ご主人に意見を聞いてみてください」と言ったところ、「そのとおりだったみたいです。我が家には〝夫〟が2人いた、と言われました」とのことでした。

幼児性の強い男性は、かわいらしい女の人の言うことなら聞くのです。「女の子らしい」ものを傷つけることは少なくなるのではないでしょうか。

男性に媚《こび》を売れと言っているのではありません。**ただ、そうしたほうが結局は自分の生活が楽しくなるのではないか**、ということです。

上手な説得法

人間は「自己嫌悪」が生じない方向へ動く

20世紀の終わりごろ、世界保健機関（ＷＨＯ）の事務局長は、Tobacco Free Initiative（ＴＦＩ、タバコのない世界構想）を発表し、のちにＷＨＯでは初の国際保健条約として、タバコ規制枠組み条約を提案しました。その際、ＷＨＯは二つの研究結果を発表しました。

一つは、肺ガンと喫煙者との関係は、統計学上まったく認められない、ということ。つまり、タバコを吸っている人が肺ガンになりやすいというわけではない、ということです。

もう一つは、タバコの燻流煙《くんりゅうえん》（くゆらせ煙）が人間の粘膜に吸収されると、それが血液に溶けてガンとなる、という研究結果です。

どういうことかというと、たとえばお父さんが吸っていると、吸っていない家族も同じ部屋にいるだけでガンになる確率が高い、ということです。

これによって、アメリカでは嫌煙権といって、同じ空間にいるだけでガンにさせられることを拒否する権利というものが確立されました。以来、アメリカの飲食店では、喫煙が全面的に禁止の方向に向かっています。レストランで1本タバコを吸うと80ドルの罰金、という州が増えてきました。

そしてその罰金は、吸っている人に科せられるのではない、というのが面白いところで、お店の経営者に科せられる。吸っている人にではないのです。ということは、店としては、吸っているお客さんがいると飛んでいってやめさせるということになります。

そして、**「私の店が罰金を払うのですから、タバコを吸うのはやめてください」と言うと、説得はしやすいのです。**または、経営者が「うちで働いているウェイター、ウェイトレスのためにも、タバコの害のない環境でありたい」と思うのはごく自然なことでしょう。

吸った人に罰金というと、「オレが80ドル払うんだから、文句を言うな」と開き直る人が必ずいて、トラブルになるわけですが、うちの店が被害をこうむるのだからやめてくださ い、という説得する側の人間を作った、というわけです。

２００５（平成17）年、日本の交通事故死者は約１万２０００人というおそるべき数でした。しかし、２００６（平成18）年は、６０００人台へと一気に激減しました。

今まで30年間もかけて1万人を下回ることができなくて、毎年「交通戦争」などという言葉が使われていたのですが、そこで警察は、窮鼠《きゅうそ》の秘策で、あることを考えました。

何をしたら交通事故者がほぼ半数に減ったのでしょうか?

実は、飲酒運転の同乗者にも、同額の罰金刑を科すことにしました。さらに、車を運転することがわかっている客に対して酒を出した飲食店も同罪。

そのような法律に改正したら、飲酒運転は激減しました。その結果、飲酒運転による交通事故死も激減したというわけです。

人間とは面白いことに、飲酒運転で免許停止と言われても、「オレの問題なんだから、別に誰にも迷惑かけてないんだからいいじゃないか」というふうに居直ってしまうのですが、一緒に車に乗っている人がいて、もし捕まったら、ドライバーも、乗っている人も、同じ30万円の罰金、ということになったら、ドライバーに対して運転をやめてくれと言う人が出てくるわけです。そうなると、飲酒運転は激減する。

タバコに関して言えば、〝私自身は、吸っている人が勝手にガンになるのはいいけれど、私の講演会の会場でタバコの煙を吐かれて、みんながガンになるのはいやだ〟という理由で、タバコは持ってこないようにしてもらっています。

実際に、私の目の前でタバコを吸っている人に、**「この話を聞いたら、あなたはもうタバコを吸わなくなってしまうと思いますよ」**と言って、このWHOの発表の話をしたら、今までにたくさん禁煙についての話、タバコの害の話は聞いてきたけれど、一度として禁煙しようとしたことはないという人でも、それからタバコを吸わなくなりました。医者の友人がいて、いつもその医者から「タバコをやめないと体がボロボロになるぞ」と言われているのにいっこうにやめなかった人でも、この話を聞いたら吸わなくなったそうです。

今までは、自分の中に「自己嫌悪」を感じていなかったから、平気で煙を吐いていたけれど、この事実を知って自己嫌悪が生じるようになったら、もう吸わなくなります。**人間は、自分の中に自己嫌悪が生じない方向へ、心地よい方向へ動く。**そのようにセットされるのです。

一緒にいる妻や子どもを愛しているのだったら、そこでタバコの煙を吐くのは控えようと思うのではありませんか。「周りの人に喜ばれる存在になりたい」と言うのだったら、タバコの煙を吐いているうちはその言葉はウソになります。今までタバコを吸っていた人にこの話をすると、人に害を与えると知ってもなお吸い続ける人はいなかったようです。

それで私は、人間とは素晴らしいものだと思いました。

アメリカの飲食店での嫌煙権の話と、日本の飲酒運転の罰則改定で交通事故死者が激減した話と、ＷＨＯの研究結果を聞いて喫煙者がみんなタバコをやめた事実と、これらはすべて同じ方向を向いています。

だから、「人間って、すごくいいもんだなあ」と思いました。

自分だけの問題であったならば、自分の問題だとうそぶいて、ひねくれた方向に行くこともできる。しかし、ほかの人に迷惑をかけるとなると、それまでタバコが好きで好きでやめなかった人が、やめてしまう。人間の心とは、こんなふうに素晴らしいものとして働くものだったのです。

他人に迷惑をかけるくらいだったら、危害を加えるくらいだったら、自分のワガママをやめようと思える。「自己嫌悪」とは、そのように人間の心に働きかけるもの。

昨日まで平気でやっていたことが、ぜんぜん違うものになってくる。それは神が人間に与えた「究極の損得勘定」ではないでしょうか。**「自己嫌悪」が生じてくるようになったら、あとは本来の魂の目的「喜ばれること」をやっていくようにプログラムされているようです。**

本当の優しさ

優しさの表し方は多面的

「優しい」とは、強い立場にある者が、弱い立場にある者に対して、その力を行使しないことをいいます。

この項では、**人間の温かさとはどのように表現されるのか**、ということについて述べてみようと思います。

「優しさ」というものは、一般論で「優しい」「優しくない」とは一概に言えないもので、人により、その時と場合によるというもののようです。

「実は今、離婚を考えています」

という50代後半の女性の話。

夫の高校時代の親友が、ガンでずっと病院に入院している。しかし、夫は一度たりともお見舞いに行かない。行ってあげなさいよと言うのですが、そのうち……とのらりくらり。こんなに冷たい人なのかと思って、嫌気がさしてしまい、離婚を考えている、というお話でした。

それに対して、私はこう言いました。

「もし私がガンでずっと入院しているとしたら、おそらくどんどん、痩せ細ってしまっているのでしょう。そんなとき、高校時代にすごく元気でワンパクだったころ一緒に遊んだ親友に、今の自分の痩せ細った、死の直前の姿を見られたくないと思うかもしれません。そしてその旦那さんも、本当に仲良しだったのなら、死を前にして憔悴《しょうすい》しきった姿を目に焼きつけたくはないのではないですか。**元気だったころの彼のイメージで彼を見送る、それが旦那さんの優しさなのかもしれないですよ**」

もし私が、その入院している彼の立場だったら、おそらく見舞いに来てほしくはない。元気だったときの姿のほうを、覚えておいてほしい。

すると、彼女は、そんなふうに考えてみたことはなかったようで、帰って夫に聞いてみます、と言いました。

そして3カ月後。彼女に再度お会いしたとき、

「離婚はやめました」

と。そのような夫の優しさを再確認して、惚《ほ》れ直したのだそうです。

お見舞いに行くことが、いつでも優しさではない。むしろ、見られたくない姿を見に行かないことも、「優しさ」かもしれません。もしかしてみなさんが「優しい」と思っていることが、実は残酷なことである場合もあるのかもしれません。

憔悴しきった体にムチ打って、お見舞いに来た人に笑顔で応対しなければならないのかもしれません。ですから、そういう場合は、直接会いに行くより、手紙を送るなどの方法のほうがいいかもしれないでしょう。

優しさとは一面的なものではなく、多面的。そういう意味で、優しさとはダイヤモンドのようなものではありませんか。

優しいウソ

「ウソがつけるような優しい人」になる

私は宗教者ではありませんから信じる宗教というものは持ちませんが、**釈迦という人は、人間の弱さ・哀《かな》しさを根源的にわかっていた**ところがすごいところで、ものごとを優しく見る目が根底にあると思います。

釈迦の言葉で、

「ウソのつけない人になってはいけない」

というものがあります。この言葉の背後に感じられるのは、釈迦の温かいまなざし。**ときとして、優しさは真実にまさる。だから、ときにはウソがつけるような優しい人になることも必要ですよ**、と釈迦は弟子たちに教えたのでしょう。

ある母親が、若い修行僧に草庵《そうあん》を建ててやり、仏道修行ができるようにと面倒を見ていました。出家僧を世話するのは、在家《ざいけ》信者の務めです。

若い僧侶は、それでは有難くそこで修行させていただきます、と言って、毎日、結跏趺《けっかふ》坐《ざ》をして瞑想《めいそう》をしていました。

そして数年後、母親は、大人になった娘にその僧に愛を告白してきなさい、と言いました。しかし、僧は、

「枯木寒巌《こぼくかんがん》に倚《よ》って、三冬暖気《さんとうだんき》なし（枯れ木が冬の岩に立つように、私の心は少しも揺るがない）」

と言って、その娘の申し出を断るのでした。娘からその話を聞いた母親は、たいそう怒って、この草庵を焼き払い、僧侶を追い出してしまいました。

この話は「婆子焼庵《ばすしょうあん》」という禅の公案《こうあん》。「禅」とは、もともと古くからインドにあった修行法の一つでした。釈迦の思想を継承したダルマ大師によってインドから中国へ伝えられ、日本にも伝わりました。禅の修行の一つに「禅問答《ぜんもんどう》」というものがあります。これには「模範解答」というものは存在しません。正しい答えというものがもともと用意されていないのです。

さて、この話において釈迦は、修行僧の毅然《きぜん》とした態度をほめたと思いますか。おそら

く、そうではないでしょう。修行中の身だからダメだ、と言って拒否してしまうのは釈迦の教えを学んだ者の実践として好ましいものだったでしょうか。

釈迦はおそらく、この修行僧の真面目さも、修行の熱心さも、まったく評価しないでしょう。何よりこの僧の無味乾燥で冷たい応対は、まさに〝枯れ木〟のよう。いったい、なんのための修行だったのか、と。釈迦はそのようなつまらない人間を作ろうとしたのではないと思うのです。なぜ、誰も幸せにしないような修行をしているのですか。自分の信念を貫くために、拒絶・拒否をしているようでは、釈迦の考えるような魅力ある人間にはほど遠いようです。

このような〝冷たさ〟を表現することなく、**どんな場合においても、生き生きとした優しさ、温かさを示す実践をしていくこと**、それが「ウソのつけない人になってはならない」ということの意味だったのでしょう。

どんなに修行に励んでいても、常にストイックに正しいことしか話さない人は、魅力的でしょうか。もちろん、人を悲しませたり、困らせたりするようなウソを言うべきではないのはいうまでもありません。ここで釈迦が指摘しているのは、**どんな境遇にあっても、生き生きとした温かいまなざしで会話できること、周囲を明るく、温かい雰囲気にする人は**

魅力的ですよ、ということではないかと思います。

第3章

歴史から見た「魅力的な人々」

大久保利通

陸奥宗光を許した「徳」と許す「得」

日常で、理性を失って腹を立てているとき、怒っているときは、相手を「許す」ことができないどころか、「仮に」許してみたら、という状況設定や想像をすることさえできません。

しかし、**心から許さなくてもいいから、許すほうが楽になれる、自分が心地よくなれる**、なぜだかはわからないけれど、許せば病気まで治ってしまうと言う人がいる……ということで、半信半疑でいいですから、仮に許してみたとします。

すると、それまで相手に対してトゲトゲしく攻撃的な態度だった自分が、「穏やか」になります。「許した」状態は、「もう怒っていない」「腹を立てていない」「ムシャクシャしていない」「イライラしていない」「トゲトゲしていない」「ピリピリしていない」ということです。

そうなると、「絶対、許せない」と思っていたときの自分には考えられなかった、以下のような現象が起こり始めます。

眠りが深くなりよく眠れる。食欲が増し、お腹が空いてよく食べられる。胃のあたりのモヤモヤがなくなり、胃や腸が楽になり、ひいては体全体が軽くなり、スッキリしてくる。「モヤモヤしていたもの」や「イライラさせていたもの」がなくなったのですから、気持ちがスッキリし、体が軽くなり、ものごとも明るく前向きにとらえられるようになります。

心の中の「重たいもの」がなくなったのですから、体からも心からも、「病気のもと」がなくなったといえるのです。

では自分にとっての恨み、憎しみ、呪いの対象であった**相手を「許す」ことで、誰がいちばん「得をした」のか。言うまでもなく、最も得をするのは自分です。**

ですから、そのような損得勘定で人を許す人は、「許す徳」を身につけたようにも見えるけれど、実際のところ、許すと「得」だから。人格上の「許す徳」ではなく「許す得」と考えたほうが、はるかに「実践」しやすいでしょう。

そのようなことが**「究極の損得勘定」**で、こういう構造を知っている人は、はるかに楽に「実践者」になってしまっています。あたかも人格上の「徳」を身につけてしまったかのように見受けられる「実践者」。一足飛びに「実践」ができるこの種の人たちも、はじめは「損得勘定」でやり始めました。そのほうがはるかに楽ですし、笑顔でできるでしょう。

さて、次に「人格上の徳」について考えてみます。自分には徳がない、どうしても温かみに欠ける、冷たいところがあると自覚して、常に徳の向上を意識して生きていたらしい、**大久保利通**《おおくぼとしみち》という人がいます。

実際、大久保利通は、少年時代からの友人であり改革のパートナーでもあった西郷隆盛《さいごうたかもり》を、西南戦争《せいなん》で死に追い込むというやり方をしてしまいます。有能ではあったのですが、施策を強引におしすすめ、冷徹で冷たく、人情や温かさに欠ける傾向がありました。

西郷亡きあとは独裁的な政治を行い、多くの人々の反感を買うのですが（混乱期には大久保利通のような人が必要ではあったのですが）、その「反大久保派」の中に、陸奥宗光《むつむねみつ》がいました。のちに外務大臣として活躍した人です。

陸奥は、大久保利通のあまりの専横ぶり、権力をふりかざした独裁的なやり方に不満を持ち、大久保の暗殺を企てました。

大久保利通は、事前にその計画を知ります。そして、大久保の側近たちは「陸奥をすぐに捕らえて投獄しましょう」と主張したのですが、そのときの大久保利通の言葉は次のようなものでした。

「西郷のような人格者ならば、ニコッと笑うだけで人がついてくる。**私のような人格の狭い、狭量の者には、人に対する寛容さ・寛大さが必要**で、常にそのような方向に自分を持っていくように気をつけていなければならない。

陸奥はこれからの日本にとって大変貴重な人材だ。捕らえたり投獄したりするのは日本にとって大きな損失。彼が私を暗殺したいならさせればよい。好きなようにさせておけ」

その言葉を知ることになった陸奥は、大久保の大きさと深さに打たれたといいます。暗殺計画もとりやめ、ついには大久保利通と協力して、明治新政府を中心的に支えました。

人格としての「徳」は、大久保利通が言うように、「いつも意識し、そのような方向に自分を持っていくように気をつけている」ことで得られるものなのでしょう。

それも一つの方法なのですが、同じ山を登るにしても、その登山道が取り掛かりやすいほうがいい。それが「損得勘定で」というやり方です。「人格上の徳」を身につけよう、と思うよりも、許すと自分にとって「得」だ、と思うほうが、私たちには楽にできるような気がします。

そして、**自分の「得」になるから、「許す」ことを続けていく。**

そうすると、いつのまにか、「許す」ことをあたりまえのようにやっている自分に気づくときが来るに違いありません。

宮本武蔵

「とどめ」を刺さないという日本人の優しさ

日本人の優しさというものを考えてみると、どうやら相手を「根絶やしにしない」という姿勢が根底に流れていることに気づきます。

たとえば日本の剣士といえば、**宮本武蔵《みやもとむさし》**。しかし、どんな相手に戦いを挑まれようとも、武蔵は決してとどめを刺すことはしませんでした。

宮本武蔵と京都の大物・吉岡清十郎《よしおかせいじゅうろう》の試合では、武蔵の一撃によって清十郎は倒れました。武蔵は木太刀を引いて飛びすさり、吉岡の門弟に向かって、

「まだ脈はある。医師に診せよ」

と言い置いて去るのです。

吉川英治《よしかわえいじ》が描いた歴史小説『宮本武蔵』（講談社《こうだんしゃ》、吉川英治歴史時代文庫）では、巌流《がんりゅう》島《じま》の戦いにて、佐々木小次郎《ささきこじろう》との試合で武蔵が勝ったあとのシーンを、次のように書いて

います。

〈武蔵が生きている間は、なお快《こころよ》しとしない人々が、その折の彼の行動を批判して、すぐこういった。

「あの折は、帰りの逃げ途《みち》も怖いし、武蔵にせよ、だいぶ狼狽《ろうばい》しておったさ。何となれば、巌流に止刀《とどめ》を刺すのを忘れて行ったのを見てもわかるではないか」——と。

波騒《なみざい》は世の常である。

波にまかせて、泳ぎ上手《じょうず》に、雑魚《ざこ》は歌い雑魚《ざこ》は躍る。けれど、誰か知ろう、百尺下の水の心を。水のふかさを〉（第八巻）

やはり**宿敵・小次郎との試合のときも、武蔵はとどめをさそうとはしなかったようです。**それが武蔵の流儀だったのでしょう。そして、吉川英治が酌み取った〝武蔵の魅力〟もまた、そのような武蔵の優しさだったのかもしれません。

沢庵和尚

「本当の強さ」とは「無敵の人」になること

ところで、宮本武蔵の「精神的な師匠」として、沢庵和尚《たくあん》という人がいました。

武蔵は、何か問題に突き当たるたびに、沢庵和尚の教えによって、いろいろなことを発見し、学び、成長していったのです。

実は、この2人は同時代の人間ではありますが、本当のところ、師と弟子のような深い関係があったのかどうかは、実証がありません。しかし、吉川英治がその著の中でこの2人を精神的な師弟関係として描いているので、もっぱらそのように普及しています。

その中の一つの話です。

沢庵和尚は、江戸《えど》・品川《しながわ》の東海寺《とうかいじ》の開山《かいさん》（初代の住職）でした。ある日、武蔵が、その東海寺を訪れたときのこと。武蔵が、境内に足を踏み入れたとたん、そこでエサをついばんでいたハトが、みんな一斉に飛び立ちました。

それを見ていた沢庵和尚は、

「何を修行してきたのだ。まだ修行が足りない」と言います。

それを聞いた武蔵は、「たくさんの武芸者たちを打ち負かし、私はずいぶん強くなった。相当な修行を積んできた」と反論しました。

沢庵和尚は、「そうか、それほど強くなったと言うのなら、腕を見せてくれ」と言って、武蔵を裏山へ連れて行きます。

沢庵和尚は、糸を取り出し、それを木の枝と枝の間にピンと張って両端を結びつけました。そして、

「武蔵よ、この糸が切れるか」と言います。

武蔵は、「こんな糸ぐらい、いくらでも切れる」と、真剣を一振り。簡単に、その糸は切れました。

そして、「こんな糸なら、誰にでも切れるではないか」と不満げです。

すると沢庵和尚はにやっと笑い、

「そうか、武蔵。糸ぐらいは簡単に切れると言ったな。それでは、もう一度、糸を切ってみてくれ」

と、今度は糸の両端は結ばず、枝と枝に、ただ両端を載せるだけにしました。

真剣を抜いた武蔵は、何回も、何十回も振り下ろしましたが、結びつけられていない糸は、そのたびにダラリと垂れるばかりで切ることはできないのでした。

汗だくになった武蔵に向かって、沢庵和尚は言いました。

「武蔵、本当の強さというものがわかったか」

武蔵はじっと考えていましたが、「修行をしてくる」と言うと、そのまま東海寺には一泊もせずに去っていきました。

数年後。武蔵はまた、東海寺を訪れます。境内に足を踏み入れたとき、今度はハトは一羽も飛び立ちませんでした。歩いている武蔵の足元にいながら、そのまま黙々とエサを食べている。沢庵和尚はそれを見て、ニコッと笑い、

「武蔵、だいぶ修行したな」

と言うのです。

武蔵は、後年、兵法の極意を『五輪書《ごりんのしょ》』としてまとめますが、剣道の奥義に達した武蔵が悟ったこととは、**「本当に強い者は、戦わない」**ということでした。

戦い続けて、次々に相手を打ち負かしていく、たたきのめすことが「強い」ことだと思

われていますが、しかし**「本当の強さ」というのは、目に見えて戦ったり、争ったりしないこと。そうならないように、事前に回避し、笑顔で解決していくこと**、との結論に至ったのです。

後年、武蔵が、ある大名《だいみょう》から武家の指南番を依頼されたときのこと。武蔵は、「私は自由人でいたいから、そのような役には向かないが、私の２人の弟子のうち、どちらかを推挙しよう」

ということになりました。周囲の人たちも、大変興味深く見守っていたところ、ある事件の話を聞き、武蔵は、どちらの弟子を推挙するかを決めたそうです。

その出来事とは、次のようなものです。

ある暴れ馬がいて、城下を走っていました。誰も止められません。そのとき、武蔵の弟子の一人が通りかかりました。１００ｍほど先に、暴れ馬の姿が見えます。

周囲の人たちは、馬とどのように対決をするのか、興味深く見守っていました。その弟子が、馬の近くまで来たとき、馬は蹴りかかったのですが、それを素早い動作でサラリとかわすと、弟子は何事もなかったように馬の脇を通り、そのままスタスタと歩いていきました。

「さすがに、武蔵先生のお弟子さんだ」

と町人たちは拍手喝采しました。

すぐあとに、もう一人の弟子が、偶然にも同じ場所を通りかかりました。

100m先に馬の姿を見つけたその弟子は、たまたまそばに脇道があるのを見ると、その道に曲がりました。そして、馬のいた場所をはるかに越えたところまで行くと、そこからまたもとの道へ折れて入り、先へスタスタと歩いていきました。つまり、馬と接触しないように迂回《うかい》したのです。

これを見ていた町人たちはがっかりして、

「なんだ、意気地のないお弟子さんだなあ」

と噂《うわさ》をしたというのでした。

この噂話を聞いた武蔵は、「これで、どちらを指南番に推挙するか決まった」と言いました。後者の〝意気地のない〟と思われたほうを選んだのです。

本当は、こちらのほうが「強い」。つまり、**事前に危険を察知できたのであれば、それを避けて通ること。あえてその中に身を投じる必要はない**……それが、本当の優れた武将・武芸者の選ぶ道である、というのが、晩年の武蔵が達していた心境でした。

水野南北

観相家が発見した例外のない「吉凶の法則」

江戸時代後期、大阪で「天下第一の相師《そうし》（観相家）」と謳《うた》われた水野南北《みずのなんぼく》という人がいました。その人間観察の徹底ぶりは、まさに破天荒といえるほどです。

5歳で両親を亡くし、鍵職人の伯父に引き取られますが、幼いうちから酒の味を覚え、やがて半端者のやくざとして渡世《とせい》を始めました。しかし、ある人との出会いがきっかけで一念発起、相学修業に明け暮れることになりました。

人間のさまざまな〝相〟と人生。この不思議な関係に目覚めた南北は、なるべくたくさんの人の相を見るため、数年間諸国を転々と旅をしました。そして、大阪へ戻ってからもさらに「万人観相」を極めるため、とにかくなんでもいいから「人間を眺める職業」にもぐりこもうとします。髪結床《かみゆいどこ》（理髪店）の見習い、風呂屋の三助《さんすけ》（雑用係）、さらには死に顔の研究のために墓守《はかもり》などもやっています。

南北は聞き上手《じょうず》な人物だったようで、髪結床、風呂屋のお客たち、火葬場では遺族たちから、その人の身の上話を聞き、

「ふんふん、なるほど」

「それは、大変でございましたなあ」

と相槌《あいづち》を打っては、人間の〝相〟と運命との相関関係を「なるほど、なるほど」と観察していたようです。

こうした南北の観察に根ざした実証に基づく観相は、大変評判となりました。1787（天明7）年、相師の表看板を出してからは、客とともに門人の数も急激に増えました。1834（天保5）年、水野南北は78歳でこの世を去りましたが、南北が観察を重ねた結果、人生の後半でやっと発見した法則があります。

万人観相による実学を旨とした南北が、

「万に一失（誤り、例外）もなし」と言った、唯一の法則です。

それは**「人間生涯の吉凶ことごとく食より起こる」**というもの。

入ってきたお金の金額によって、食生活が変わるという人は、ツキをどんどん失っていく、という法則だそうです。常に、収入の大小に関係のない食生活であるということが大

事。お金があるときは普段と違って贅沢《ぜいたく》な食生活に走る、という人は、水野南北が見続けていったところ、全員が衰運になっていったらしいのです。

たとえば、大阪きっての大のれんの主《あるじ》にのしあがった旦那や隠居たち。しかし、彼らの顔を見ると、その中には〝福相〟どころか、まぎれもない〝貧相〟が見られることがあるのだそうです。また、貧相と観た人が、あとに成功して長生きすることもある。

南北は長い間、その理由がわかりませんでした。

しかし、髪結床、風呂屋、死の現場などで、人相を実証的に究明しようと観察に観察を重ね、膨大なる実例を脳裡《のうり》に写しとっていく中で、ついに「万に一失もなし」という一点にたどり着いたのが、「食より起こる」という法則でした。

観たところ富貴延命《ふうきえんめい》の相をしていた人が、貧窮短命《ひんきゅうたんめい》に終わってしまった。その観誤った理由がずっとわからなかった南北でしたが、ついに、「美食や暴飲暴食をする者は、たとえよい相に恵まれていてもやがて衰運になる」ことに気づきました。それ以降は「万に一失もなし」ということです。

いくつかの説があるのですが、20歳ごろまでやくざ稼業で放蕩《ほうとう》三昧に暮らしていたころに、雲水僧《うんすいそう》に会ったときのことが大きな手がかりとなっていました。

〈土眼《どがん》（胉《はく》・白眼）と肉眼《にくがん》（睛《せい》・黒眼）の境を毛筋《けすじ》よりも細き赤脈《せきみゃく》（赤い線）がとり巻いておる。これ火輪眼《かりんがん》と云《い》うて洵《まこと》に凶相。……この相をおびる者、古往今来《こおうこんらい》、生きのびたためしなし〉（神坂次郎《こうさかじろう》『だまってすわれば　観相師・水野南北一代』新潮《しんちょう》文庫）

と言われて思いつめ、出家しようとしてお寺に弟子入りした結果、来る日も来る日も麦と白豆だけの生活を送ったのでした。のちに、それが命拾いをした原因とわかります。再び例の僧に会ったとき、南北の〝火輪眼〟の死相が消えていると言われるのです（ちなみにこの僧は、水野海常《かいじょう》という東国の老僧とわかります。相師ではないのですが、教養の一つとして相学を学んでいました）。

〈禍《わざわい》を福に転ずるの道は食に在り〉（同前）

人相・手相的にどんなに吉相の人でも、**食生活が「お金のある／なしで変わる」人は、やがて運が尽きるということです。**

たしかに、そういう人は私の感覚から考えてみても、魂の部分で貧しい人なのかもしれない、という気がします。日常生活で、愛情のこもった料理を食べていない人なのではないかと思ってしまう。贅沢な食を求めるというのは、普段いかに満足していないかということの表れですから。おいしいものを求めて遠くまで出かけていくというのは、貧しく寂しいことではないのかなあと思います。

グルメを追い求めるのではなくて、**目の前で、その人においしく食べさせてあげよう、と思いながら握られたオニギリがこの世で最もおいしい食べ物だ**、と言う人もいました。

南北の得た結論は、たとえ凶相が読み取れても、そのことだけを伝えるのではなく、「ではどうすればよいのか」を人々に指し示すことができるものだったのです。

吉田松陰①

「優劣」より「一芸」を重視した松下村塾

江戸時代から明治時代へという変革期は、日本の歴史の中で大きなターニングポイントでした。このとき、**吉田松陰**《よしだしょういん》の松下村塾《しょうかそんじゅく》から、明治維新に大きな足跡を残した人材が輩出しています。伊藤博文《いとうひろぶみ》、高杉晋作《たかすぎしんさく》などです。吉田松陰は、教育者として一流の人でした。

松陰は、思想的には攘夷論《じょういろん》（外国と戦わなければならないという主張）。しかし、浦賀《うらが》（神奈川県横須賀《よこすか》市）にやって来たペリーの黒船《くろふね》4隻を見て、戦ったところでとても勝ち目はないことを知ります。そして、外国を倒すにはまず外国のことを知ろう、と思い立ち、なんと**ペリーの黒船に乗ってアメリカに渡ろうと企てたのです。**

１８５３（嘉永《かえい》６）年、ペリーの黒船来航。それまで、船といえば風まかせの帆船しか知らなかった日本人は、大きな衝撃を受けました。船外に大きな水車のようなものがついている黒船。しかも、風に関係なく〝水車〟は前にも後ろにも回り、黒船は自由に前進・

後退ができるのでした。蒸気（スチーム）で動く蒸気船です。

泰平の眠りをさますじょうきせん
　たった四はいで夜も寝られず

というのは、4隻の蒸気船（正確には蒸気船2隻と帆船2隻でした）に驚いて夜も眠れなくなってしまった人々や幕府のあわてぶりを、上喜撰《じょうきせん》（上等なお茶）を4杯も飲むと目が冴《さ》えて眠れなくなってしまう、というのにかけて詠まれた歌でした。

あわてる世間を尻目に吉田松陰は、あろうことかこの黒船でアメリカまで渡ってやろうと考えたのですから、とんでもない向学心の持ち主です。

しかし、密航しようとしたのが発覚して、松陰は野山獄《のやまごく》（山口県萩《はぎ》市）という牢屋《ろうや》に入れられてしまいました。終身刑の牢獄《ろうごく》です。ここに入れられたら、もう生きて出られないという獄なのですが、松陰はそこで、囚人たちに講義を始めました。さらに、

「あなたは書が上手《じょうず》だ。だからみんなに書を教えてください」

「あなたは俳句が作れるのだから、俳句をみんなに教えてください」

と、獄中で座談会が始まり、囚人の一人ひとりが先生と呼ばれての講義が進められたのでした。

そして、社会が激動と変革の波に飲まれていく中で、奇跡的に松陰は牢屋から出されます。松陰とともに、「先生」と呼ばれた囚人たちのうち8人も、出獄を許されます。「自分はこれまで、このように教えを請われたことなどなかった」と、彼らは感激し、自分の力を人々に喜ばれるように使っていったらしいのです。誰も獄に戻った人はいなかったといいます。**松陰の人を見る目は、「比べる」のではなく「一人ひとりに素晴らしい天分がある」という優しいものでした。**

吉田松陰②

なぜ、「革命」ではなく「維新」を選んだのか

出獄してから、いよいよ松陰の私塾が開かれることになります。実家の邸内で、以前から叔父が使っていた「松下村塾」という名をそのまま使いました。

松下村塾に集まった人たちは、藩校「明倫館《めいりんかん》」から締め出された、いわば下級武士の子弟たちでした。

面白いことに、明倫館に集まっていた上級武士の子弟よりも、この下級武士の子弟たちのほうがのちに力を発揮していくことになりました。伊藤博文のほか、その門下に集まった人には、高杉晋作、久坂玄瑞《くさかげんずい》、吉田稔麿《よしだとしまろ》、品川弥二郎《しながわやじろう》、山県有朋《やまがたありとも》など、明治維新に大きな足跡を残した人たちです。

いけないところを指摘するのではなく、よいところを教えてあげるという教育に、門人たちはどんどん花開いたのでしょう。 推察すれば、はじめから優秀な人たちが集まってい

たというわけではなかったのかもしれません。

このように、よいところを見つけてそれを伸ばす、というやり方で育ってきた人たちが、明治維新の原動力となっていったわけですが、ここで気づくのは、「明治維新」とは「維新」であって「革命」ではなかったということ。

「明治維新」という語は、当時の志士たちが自ら言った言葉であり、後世の歴史学者が作った語ではありません。この時代に起こったのはいわゆる「革命」ではなく、**「古きよきものは維持し、さらに新しいものを上乗せする」という意味で「維新」なのでした。**

西郷隆盛

弱者のために戦ったことで愛された「西郷どん」

吉田松陰と同時代に、西郷隆盛という人がいます。

征韓論《せいかんろん》（韓国討伐論）や西南戦争で、〝戦いが好きな人〟というイメージがあるように思われますが、その内実は、西郷隆盛の「優しさ」ゆえに、そうせざるを得ない状況になったという事情がありました。

「禁門《きんもん》の変《へん》」のときも西郷は、なるべく長州《ちょうしゅう》（現在の山口県）に穏便な扱いをしようと努めています。そのあと、「江戸城明け渡し」のときも、戦闘なしに問題を解決しました。西郷の問題解決の方法は、なるべく武力を使わずに、というものだったように思えます。

ではなぜその人が、征韓論を唱えたり、西南戦争に突入していったりしたのでしょうか。

1871（明治4）年、西郷隆盛は参議《さんぎ》として明治維新政府の首班となります。翌年には陸軍の元帥になりました。さらにその翌年、征韓論が沸き起こると、その代表者として西郷隆盛が祭り上げられるのです。

まだヨチヨチ歩きの明治政府であるのに、なぜ西郷隆盛は国内の問題よりも「征韓論」の立場に立ったのか。

ここに西郷の優しさが隠れていました。武士が武士としての身分を失い、迷っていたときでした。海外派兵をすればその職も確保でき、武士としての誇りも維持できる。のちの西南戦争でもそうなのですが、西郷隆盛の人格・人望というものが、多くのつらい立場、恵まれない立場の人を集めることになってしまったのです。

それに対し、幼いころからの親友であり、共に幕府と戦ってきた、同じ薩摩《さつま》（現在の鹿児島県）出身の大久保利通は、征韓論に反対しました。徳川《とくがわ》幕府を擁護してきた武士たちのことなど、べつだん配慮する必要はない、というのが大久保利通や伊藤博文の立場でした。旧幕府の武士たちには徹底的に過酷、冷淡でした。

時代の変革期には、そういう強い意志が必要なのかもしれません。1876（明治9）年には「廃刀令」が出ます。刀は武士の魂。それを取り上げられてしまい、士族は精神的な支柱も存在価値も失っていました。さらに秩禄《ちつろく》処分（政府から士族への給与の廃止）が追い打ちをかけ、武士は経済基盤を失います。この一連の政策は、封建的な士族つぶしを狙ったもの。たしかに近代化のために貢献する政策でした。しかし、**人間味あふれる西郷隆盛にとっては、その陰にいた人たちを黙って見過ごすことができなかったのでしょう。**

その後、西郷は薩摩に帰国、私学校を設立して若手を育て始めるのですが、人望のある西郷隆盛のもとに集まったのは、若手だけではありませんでした。途方に暮れた旧幕の武士たちまでもが西郷を慕って集まってきたのです。西郷の私学校は、さながら独立国の様相を帯びてきました。西郷の私学校だけでなく薩摩そのものが独立国のような状況になってきたのです。

そんなとき、西郷の私学校の生徒が、明治政府のやり方に対し反乱を起こしました。これに対し、明治政府は出兵を決め、ついには西郷 vs.明治政府という形で「西南戦争」が起きます。

このときの戦闘の激しさは、すさまじいものだったようです。熊本県の北部、田原坂《たばるざか》は、最も激戦を極めた土地で、ここには記念館も作られており、私も実際に見てきました。この記念館には弾丸と弾丸が正面から当たってくっついているものなども収蔵されています。

西南戦争の結果、西郷軍の敗北。鹿児島市の城山《しろやま》に「南洲《なんしゅう》洞窟」というのがあり、ここが西郷隆盛終焉《しゅうえん》の地。「もうここでよか」と言った西郷は、この洞窟で自刃し、生涯を終えました。1877（明治10）年9月24日のこと。享年49でした。

西郷隆盛のその優しさのゆえに、時代についていけない人たちが彼のもとに集まったのでした。そうせざるを得ない状況になっていく、その中でリーダーになることを余儀なくされる、というのが**「西郷どん」と呼ばれみんなに親しまれた人の背負ったシナリオだったのかもしれません。**

西郷さんは若いころは不遇続きでした。そのときに、弱い立場の人間の哀しさがわかったのかもしれません。そして明治政府をつくりあげたのでしたが、明治政府によってつらく悲しい思いをさせられている人の立場になって考え、その味方になってしまったのです。

西郷さんのそばにいた人々は、そんな「温かさ」を感じていたのではないでしょうか。

御木本幸吉

不可能を可能にした「アイデア」力

真珠は〝宝石〟の一種でありながら、貝の中で作られる〝生きもの〟。生きものが宝石になる、というのは不思議ですが、それだけ珍しく貴重なものです。

1600年代半ば（日本でいえば徳川幕府の3代目・徳川家光《いえみつ》が47歳で死去したのが1651年です）ごろまで、ヨーロッパでは同じ大きさのダイヤモンドと同じほどの値段でした。養殖真珠は存在せず、すべてが天然真珠だったからです。

真珠貝と呼ばれる貝には数種類あり、日本近海に存在するのはアコヤ貝。貝の大きさに限界があるため、真珠そのものがあまり大きくなりません。直径5ミリから7ミリくらいが普通で、8ミリ以上のものはめったになく、大変貴重なものです。

アコヤ貝は「阿古屋貝」と書くのですが、昔は知多《ちた》半島（愛知県）の阿古屋ノ浦に多く生息したからだそうです。形はホタテ貝に似ており、厚みが不規則。長さは7㎝ほどの貝です。

こうした真珠を作る貝の中に異物が入り、それを分泌物で包んでいったものが真珠でした。アラゴナイトという炭酸カルシウムの結晶と、コンキオリンというタンパク質が何層にも積み重ねられています。

こうした真珠は、すべてが天然真珠でした。たまたま偶然に、異物が真珠貝に入り込むこと、その異物を貝自身が吐き出すことができず分泌物で覆うこと、その貝を人間が見つけて取り出す、という、天文学的な確率の結果として採取されたのが真珠だったのです。

天然真珠は、古くは５５００年ほども前に知られていました。特に、日本は海に囲まれており、貝の中から出てきた真珠は貴重なものとして認識されていたようです。

５５００年もの歴史を持ちながら、世界中で真珠養殖に成功した人はいませんでした。１８９３（明治26）年、世界で初めて真珠養殖に成功したのが、日本人の御木本幸吉《みきもとこうきち》です。

御木本幸吉は、三重県鳥羽《とば》のうどん屋「阿波幸《あわこう》」の長男として１８５８年１月25日に生まれました。１８５８年はまだ江戸時代。日本の年号でいうと安政《あんせい》５年にあたります。かの有名な「安政の大獄」は、この安政5年から翌年にかけて行われました。

そんな動乱の時代に御木本幸吉は生まれました。13歳のときには青物の行商を始め、17歳のときには英国の測量船・シルバー号に対して、青物や鶏卵を売り込むなどということもやったのです。たくさんの小舟と商売人がシルバー号を囲み、いろいろな商品を手振りで売り込みましたが、すべて「帰れ」のジェスチャーで帰されました。

しかし幸吉は最後まで残り、ついに小舟の上で足芸（足でいろいろなものをクルクル回す）をします。船員が大喜びし、シルバー号に招き入れられました。

そして、そのおかげでシルバー号ご用達《ようたし》の権利も手に入れるのです。

このように、幸吉はなんでも簡単にはあきらめない性格でした。さまざまな商売をしつつ、鳥羽の海産物商として名を成していきます。


この当時、真珠は「海産物」でした。そのころ、天然真珠は大阪や松阪《まつさか》の名門商家によって売買されていました。

若すぎる貝は、中の真珠も大きくないのです。当時、5年もののアコヤ貝を1万個買って、25匁《もんめ》（1匁は3・75グラム。25匁は93・75グラムにあたります）くらいの真珠が出れば成功、というような商売だったのです。

幸吉は、東京や横浜で、大粒の真珠が高値で取引されるのを知っていました。１８８８（明治21）年6月、第2回全国水産品評会開催。29歳の幸吉は、このとき志摩国《しまのくに》海産物改良組合の組合長です。志摩国の改良産物として選ばれたのは、「改良イリコ」と「真珠」でした。その2品を携えて上京しました。

この「真珠」は、東京の品評会で大好評となります。真珠の値打ちはすごいもの。しかし、母貝となるアコヤ貝は死滅状態にありました。

幸吉は、品評会奥の事務室に入っていき、大日本水産会の柳楢悦《やなぎならよし》に面会を申し入れ、アコヤ貝の養殖ができないか、と話をもちかけました。

真珠の評判を聞いていた柳は、快く会見に応じました。ちなみにこの柳楢悦という人は、海軍少将にまで上り、のちに水路部を創設し、水路局長となった人でした。さらに幸運だったのは、柳が伊勢《いせ》の津《つ》藩武士の出身だったこと。また、民芸復興運動の中心的な存在であった柳宗悦《むねよし》は、この楢悦の子どもにあたります。

アコヤ貝の養殖について問いかけた幸吉に、柳はこう答えました。

「あのあたりの海ならできるかもしれない。しかしそれには、相当な熱と力と忍耐が必要だ」

「熱と力と忍耐だけはあります」

このときから、アコヤ貝の養殖、イコール真珠の養殖がスタートしたのでした。

１８９３（明治26）年、たくさんの失敗を経て、幸吉はついに半円《はんえん》真珠の養殖に成功します。その12年後、１９０５（明治38）年には、真円《しんえん》真珠の養殖にも成功したのでした。その途中の１８９９（明治32）年には、幸吉は東京・銀座《ぎんざ》に「御木本真珠店」を開設します。

「ミキモト・パール」はこうして、世界に発信できる日本のブランドとなったのでした。鳥羽湾内にあった相島《おじま》を、現在では「ミキモト真珠島《しんじゅしま》」と呼んでいます。

さらに、御木本幸吉の生涯がわかる御木本幸吉記念館（生家「阿波幸」の復元なども展示）や真珠の歴史と文化を紹介する真珠博物館（養殖やネックレス完成までの実演、美術工芸品やアンティークジュエリーなども展示）も、島内に作られました。

幸吉は、アイデアマンであると同時に、硬骨漢でもありました。

有名なのは、１９３２（昭和７）年、神戸商業会議所前で36貫（１３５キロ）の真珠を焼いたこと。

日本の真珠は粗悪でオモチャみたいだ、と言われるようになったのは、幸吉の手によるミキモトパール以外にも、いろいろな真珠が出回るようになっていたからです。外国人記者が多い神戸《こうべ》で、粗悪品を焼くというパフォーマンス。狙いどおり、この件は新聞に報道されました。大阪毎日新聞の記事。

〈焼きもやいたり三十六貫の真珠……この値が何んと時価にして四万八千円……〉

昭和７年当時の４万８千円は、現代の金額にすると数億円になります。〝真珠王〟として品質保持を世界に向けて示したのでした（『真珠の歩み』日本真珠輸出組合）。

ちなみに、真珠の品質について。

品質は「光沢」「巻き」「形」「傷」「サイズ」「色」などで決まります。

「巻き」とは、真珠層の厚さのこと。厚いものほど高品質で耐久性もあります。養殖期間が短いほど薄く、長いほど厚くなるわけです。

「形」は真円に近いものほど高品質とされますが、中にはティアードロップ（しずく型）

のものもあり、それはそれで人気。また、「傷」はないほどよいとされますが、生きものなので無傷というのは少ないようです。

「サイズ」は、同じ質であれば大きいほうが高価。「色」は、アコヤ貝から生まれるピンク系のものが好まれますが、ホワイト、ブルー、シルバー、クリームなども人気です。色は均質なものが高級品です。

さらに真珠についての豆知識。

温泉に、真珠のネックレスをつけたまま入る人がいますが、真珠は特に「酸」に弱いので、温泉（特に酸性泉）は厳禁。酢やジュース類にも酸のものが少なくありません。ついたらすぐ拭き取ることが大事です。

熱や紫外線などで色が変わる場合もあるので、直射日光の下に置いておくなどはやめたほうがよいようです。汗やホコリ、排出ガスなどが付着したと思ったら、柔らかい布で拭くようにしましょう。

資源の少ない日本で生産される〝宝石〟の一つ、真珠。１９５４（昭和29）年、96歳で亡くなった御木本幸吉翁は、今も日本の真珠生産を天界から見守っているのかもしれません。

稲盛和夫

「できません」と言わなかった京セラの創始者

京《きょう》セラの創始者、**稲盛和夫**《いなもりかずお》さんという人がいます。

はじめは小さな会社だったのですが、このままではジリ貧で終わってしまうということで、東京へ出て行き、何か注文があれば、と、大手の電気会社を回っていました。そのときに、「こういうものはできませんか？」と聞かれたのですが、実は、全部できないものだった。すでに持っているものは何ひとつ注文がなく、今までに作ったことのないものばかりを頼まれたそうです。

しかし、稲盛さんはそこで、全部、

「あります」

「できます」

と答えて帰ってきた。

そして、できますと言ってしまったのだから、そのとおりのものを作るしかない。
そこでアメリカやドイツから資料や文献を取り寄せて、社内には、英語のできる人は稲盛さんしかいなかったので、英語のできる人を新たに呼んできて翻訳してもらい、製品を開発したということでした。

そうして考えてみると、頼んでくれる人は、神さまなのです。そこで、**「できない」というよりも、とりあえず「わかりました」と言って引き受ける。**やってみて、納入してみてダメだったというのならば仕方がないけれど、とにかく頼まれごとは断らないというのはものすごく大きいポイントです。

私は昔、あまりにも多くの人から人生相談を持ち込まれたので、『22世紀への伝言』という冊子（現在は単行本として廣済堂《こうさいどう》出版より刊行）を、コピーしてホッチキス止めにして、無料で配っていました。あまりにも相談ごとが多いものだから、これを読んでもらったら少しは相談の数が減るだろうと思ったのです。

しかし結果はその逆で、相談ごとが倍に増えてしまった。それで、冊子も何万部という数が出回り、次から次へと注文が来ました。そのときは、1部500円いただくようになったのですが、朝からコンビニに行ってコピー機でガタガタとコピーをする日々が半年くらい続いたとき、結局、送料とコピー代で、平均520円はかかっていたということに、ハタと気がつきました。

そんなとき、松山《まつやま》ユースホステルに泊まっていたときに、ある会社をやっていた坂本道《さかもとみち》雄《お》さんが、あなたの書いたものを読んでどれほど人生が変わったか、という話をされました。創業社長でワンマン社長の、激しく怒鳴りまくっていた自分の姿に気がついて、それからは社内の空気が一変したとのことでした。

ついては坂本さんが、私の本を出版するために出版社を創ってくれるという話になったのです。そうしたら、もうあなたが自分でコピーをホッチキスで止めて送らなくてすむでしょう、と申し出てくださった。それで弘園社《こうえんしゃ》という出版社ができました。

そのように、頼まれごとをやっていたら、ありがたいことに思わぬ環境を作ってくれた人がいて、出版社ができてしまったからには1冊ではいけないということで、それからはほかの本に連載していたものを集めて2冊目、3冊目を出版、今度は足立育朗《あだちいくろう》さんという不思議な人に出会い、その人のインタビューを本にすることになったり……（『波動の報告書』。現在はSKP刊)。**当初は予想もできなかったような、面白い展開が起きてきたのでした。**

私はやる気があって本を作っていたのではなくて、すべてやるハメになったからやっていました。

やるハメになったら淡々とやっていって、疲れ果てて死ぬ。人間の人生はそれだけ。いちいち感想を言わないでいいということです。

良寛和尚

良寛の「愛語のこころ」と釈迦の「無財の七施」

「私の口から出てくる言葉は、すべて贈りものでありたい」と考えていた良寛和尚《りょうかん》という人がいました。

自分は貧しい一人の修行僧なので、人に何かを与えたくても、あげられるものが何もない。だからせめて**心を温かくするような、心を安らげるような言葉を贈ろう。**それならば、いくらでもあげることができるから。

これが良寛さんの「**愛語**《あいご》**のこころ**」というものです。

私のところにも、「うちの子どもにひとこと言ってください」「正観さんのお話を聞かせたくて友人を連れてきました」という人が多くいらっしゃいますが、この良寛さんの実話を知ったときに、何も言わなくていい、ということがわかりました。

外に敵意や攻撃性が表れている人ほど、心の奥には、たくさんの哀しみを持っているのかもしれません。

その人に対して、「こうしたほうがいいですよ」「ここを改めたほうがいいよ」と言うのも一つの方法ですが、その人を変えなくてもいい。

何も言わないで、ただ、その哀しみをわかって、そばにいてあげる。そっと見送ってあげられる。それだけで、人は歩いていけるのではないでしょうか。

また、良寛さんの愛語の精神のように、釈迦が教えた**「無財《むざい》の七施《しちせ》」**（財産のない人にもできる七つの施し）というものがあります。これも誰もが実践できるものとして参考にしてみてはどうでしょう。

◎優しいまなざし（眼施《げんせ》）……『目』で実践
◎温かい笑顔（和顔悦色施《わがんえつじきせ》）……『顔』で実践
◎思いやりのある言葉（言辞施《ごんじせ》）……『口』で実践
◎手足を使い人のために汗を流す（身施《しんせ》）……『手足』で実践
◎感謝の心で人に接する（心施《しんせん》）……『心臓＝ハート』で実践

◎席や場所を譲る（床座施《しょうざせ》）……『尻』で実践
◎一夜の宿を提供する（房舎施《ぼうじゃせ》）……『背中』で実践

家康、秀吉、信長

「鳴かぬなら鳴かなくていいねホトトギス」

あるとき、数人の仲間で食事をしていたときのこと。そのうちの一人が、「鳴かぬなら鳴くまで待とうホトトギス」と詠んだのが**徳川家康**《とくがわいえやす》、「鳴かぬなら鳴かせてみせようホトトギス」と詠んだのが**豊臣秀吉**《とよとみひでよし》、そして**織田信長**《おだのぶなが》は「鳴かぬなら殺してしまえホトトギス」と詠んだそうですが、正観《せいかん》さんが詠むとしたらどうですか？　とたずねられました。

私が言った言葉。

「鳴かぬなら鳴かなくていいねホトトギス」

すごくいいですね、と言ってもらえました。

いずれも、天下人の言った言葉ですが、現代に生きる私が言うとしたら、「使命感のなさ」では日本で講演をしている人のうちでナンバー・ワンを自負しておりますから、こんな句になりました。

第4章

「魅力的な人々」を訪ねる旅

大町桂月①

誰も知らない観光地を紹介し続けた紀行作家

2007(平成19)年6月、青森県の下北《しもきた》半島へ旅行しました。青森県は森や林が広がる地帯で、特に十和田《とわだ》湖《こ》周辺と奥入瀬《おいらせ》渓流は、紅葉の名所としても有名です。

そこへ6月に訪れた理由は、紅葉の名所はすなわち「新緑の名所」でもあるから。紅葉は落葉樹が中心ですから秋に散る葉が美しく、そして春には、新しい葉が萌《も》え出てくる。空気がきれい、水にも恵まれている、という条件があって初めて、紅葉も美しく、そしてまた新緑も見事なものになります。

下北半島の新緑は、関西~関東に1カ月ほど遅れての6月となります。東北地方の6月は、梅雨の晴れ間が多いので、6月に新緑を眺める東北の旅はなかなかよいものなのです。

その旅の中で1泊した十和田市の「蔦《つた》温泉旅館」は、明治時代の文豪・**大町桂月《おおまちけいげつ》**が晩年を過ごした場所でした。

大町桂月は1869（明治2）年生まれ、夏目漱石《なつめそうせき》や森鷗外《もりおうがい》と同時代を生きた人で、評論や紀行文の分野で活躍した人です。桂月の特に気に入ったのが十和田周辺で、今でこそ奥入瀬を知らぬ人はいないほど有名になりましたが、この奥入瀬渓流を紀行文によって世に紹介したのは大町桂月でした。

桂月は、旅や登山がとても好きでした。そして、山岳、河川、湖沼、海岸、田園、原野など、いたるところに美を発見し、日本の景勝について紀行文をたくさん書いています。

旅行作家としての私にとって、大町桂月さんは大先輩にあたるのです。数年前に十和田の地を訪れた際、この「蔦温泉旅館」に泊まりました。すると、その日はなんと桂月の命日（6月10日）でした。そこで、ちょうど命日であることを知った私たち（17人の友人たちと一緒でした）は、夜の10時ごろ、墓参りに出ました。

墓は旅館から300mほどの原生林の中にあります。もちろん街灯などはなく、周囲は真っ暗。鬱蒼《うっそう》とした林の中を進んでいこうとしていると、そこへ季節はずれのホタルが1匹現れました。この土地では1カ月も早いホタルです。すると、そのホタルのいたところが、桂月の墓の入り口でした。ホタルが教えてくれたようでした。

大町桂月②

旅は「どこに行くか」より「誰と行くか」

それが2001（平成13）年6月の出来事でした。今回（2007年6月）も、蔦温泉を訪れるにあたり、また夜の10時ごろに、みんなで大町桂月のお墓参りをしました。

参加者の中に桂月の生まれ故郷・高知県出身の女性がいらして、

「大町桂月の本を読んだら、お酒がとても好きだったということなので、お墓に供えようと持って来ました」

と、桂月の墓前に高知の地酒を供えてくれました。

宿の脇に、「蔦沼《つたぬま》」という沼があります。このあたりは水芭蕉《みずばしょう》の新緑が実に見事です（もっとも私たちが墓参りのあとに歩いたのは夜の10時半ごろだったので、自然観察はできませんでしたが）。

実はこの原生林の中の「蔦沼」という状況、日本国内でも大変珍しいものなのです。

それは、日本で唯一、「水面《みなも》に星が映る条件」を備えているからです。古来、月光が水面に映っている情景は広く愛されてきましたが、星の光が水面に浮かぶというのは、めったに見られるものではありません。

この周辺には、蔦沼のほかにも五つほど沼があるのですが、これらはいずれも小さすぎて、星が映る条件には適さない。また逆に、十和田湖ほど大きい湖になると、水面にさざ波が立ってしまい、星の光という小さなきらめきを宿すことはできません。

つまり「星が映る」条件とは、山や林に囲まれた小さな湖沼、そして無風で、月のない夜、雲が夜空を覆っていない、満天の星だけの夜……。これらの条件をすべて満たして初めて、星の映る小さな湖を見ることができるのです。

しかし、私は若いころから過去に10回ほども、蔦沼の星の映るさまを見ようとしましたが、かつて一度も見たことはありませんでした。ただ、条件としては、日本全国各地を歩いた中でここが唯一、条件を満たしていました。

そう思いながら、この夜もあきらめ半分で蔦沼を訪れました。同行の友人たちには「星が映って見えるかもしれませんよ」などとあらかじめ言ってしまうと、見られなかったときにがっかりさせてしまうだろう……と思い、何も言わずに歩いていったのですが、実はこの日は完全に条件を満たしていました。

月の出ていない夜、無風で水面は鏡のように平らか。

空には満天の星だけ。

深閑たる原生林に囲まれ黒々とした水面に、きらきらと星の光が浮かんでいました。

やはり旅はどこに行くかより、誰と行くかが重要なようです。私は、すでに10回以上も一人でこの蔦沼を訪れていましたが、星の映っているのを見ることができたのは今回が初めて。このとき、私は37人の友人たちと一緒でした。

よき仲間とともにあるからこそ、ツキがますます増幅されているように思います。**「ツイてる」人が一人で行動するよりも、ツイてる友人が何人も寄り集まっていると、よりいっそう面白い奇跡が起きるらしい**と、星の光を足元に眺めながらつくづくと味わった旅でした。

大町桂月③

誤解されても愛される人

さて、この蔦温泉にゆかりのある大町桂月とはどのような人物だったのでしょう。この人が紀行文を書かなければ、この蔦温泉も、蔦沼も、十和田、奥入瀬渓流の美も、原生林に埋もれて私たちの目に触れることはなかったのかしれません。

大町桂月は、明治〜大正時代、和漢混交の美文でとても人気のあった文豪でした。土佐《とさ》(現在の高知県)の生まれですが、わずか11歳の年に上京し、第一高等中学(現在の東京大学教養学部)で学びます。卒業後、東京帝国大学国文科(現在の東京大学文学部)に入学。しかし、経済的に貧しかった桂月は、やがて学費が払えないという状況が続くようになってしまいます。そこで桂月はあちこちの雑誌に投稿・寄稿して原稿料を稼ぐ、ということを始めました。

桂月があまりに困窮しているのを見て友人の塩井雨江《しおいうこう》(詩人、国文学者)は、『女鑑《じょかん》』という婦人雑誌の自分の執筆枠を譲ってあげたこともありました。

やがて東京帝大国文科の関係者が作った文芸雑誌『帝国文学』の編集委員となり、自身も筆者として書いたので、桂月は在学中からすでに、文人として名を知られるようになり、経済的にもなんとか食べられるようになっていきました。

もとはといえば、経済的に困っていたために文章を書き始めた桂月。**何が幸で不幸かということは、まったく決められないものです。**大学卒業後は、地方の中学教師を経て、博文館《はくぶんかん》に入社し、『太陽』『文芸倶楽部《くらぶ》』などに紀行文、評論を書き続けました。

そのようにして文才で人気があった桂月ですが、もともと真面目で一本気な彼が志していたのは、軍人もしくは政治家だったようです。10代で軍人を志しましたが、近視眼だったため叶えられず、その後は政治家、教育家などになろうとしていて、文章を書くことは、まったく「趣味であるにすぎない」と言っていました。

結局は文章で身を立てていくことになった桂月は、どんな短い旅でもメモをとり、記録に残しました。家に帰るとそのメモをもとに紀行文を書き、それをすべて発表したのです。ですから膨大な紀行文が残りました。その紀行文も、当時の読者からかなり好意的に迎えられました。

しかし、その人気の陰で、つらい思いをした人もいました。桂月の家族です。少しお金が入ったと思うと、それを持って旅に出てしまう。それも「1週間ほど行ってくる」というのが20日になったり40日になったり。「金がなくなったので送金してくれ」などという連絡はしょっちゅうでした。


桂月の行くところエピソードが絶えず、のちに『桂月全集』（第12巻）の序文を書いた横《よこ》山健堂《やまけんどう》（評論家）は、

「彼の如《ごと》きは〝挿話の倉〟とでもいい得るほど」「しかし挿話の多く伝わるのは、人気の多いことを立証するものである」

と書いています。

困窮しているのに旅に出て、帰りの船賃がないことに気がつき、泳いで上陸しようとしたり、着るものにも無頓着で「寝間着も普段着も旅行着もみんな一緒」、しかもそれは決して立派なものではないのですから、「有名な大町桂月」を想像していた人があっけにとられたり、ニセモノだと思ったり……。

周囲にはいつも明るい笑いが絶えなかった人のようです。

桂月のエピソードで有名なものに、**与謝野晶子**《よさのあきこ》との論争があります。

与謝野晶子は「旅順口《りょじゅんこう》包囲軍の中に在る弟を歎《なげ》きて」という詩を詠みました。「あゝおとうとよ、君を泣く　君死にたまふことなかれ」で始まる有名な詩です。その詩が発表されたとき、当時の感覚としてはあまりに衝撃的かつ前衛的だったため、桂月は思わず「国が一所懸命戦っているときに、とんでもない」と真面目に非難してしまいました。当時はそれが正論で、大勢の意見でした。そして、与謝野晶子も一歩も引かなかったため、『太陽』『明星』誌上で論争になります。

しかし、もともと桂月は『みだれ髪』以来、晶子の才能を認めており、あとになって批判したことは少しやりすぎだったと思っていました。2人はケンカをしても絶交ということにはならず、のちに仲直りしたようです。

桂月のいます世ならで今日逢《あ》へる
蔦の温泉の分れ道かな

与謝野晶子

この歌は、桂月が死去して3カ月ほど経ったころ、与謝野晶子が夫の鉄幹《てっかん》とともに東北へ旅したときに詠んだ歌です。蔦温泉に住んでいた大町桂月を偲《しの》んでの歌でした。

桂月は、論争をしたり誤解されたりすることはあっても、愛される人物だったようです。

釈迦①

三部経の中で最も面白い「観音経」のものの見方

鳩摩羅什《くまらじゅう》が漢訳した「妙法蓮華経《みょうほうれんげきょう》」がもっぱら用いられていますが、その中の25番目の章が「観世音菩薩普門品《かんぜおんぼさつふもんぼん》」で、「蓮華経」とは独立して「観音経《かんのんぎょう》」の名で親しまれています。

〝観世音菩薩は、いつでもどこでも、あらゆる人々に共鳴共感して現れる（普門）ということを述べた章（品）〟という意味です。

2500年前に、**釈迦**が残した論《ろん》・律《りつ》・経《きょう》という三部経《さんぶきょう》。この三部経をすべて修めた人のことを「三蔵《さんぞう》法師」と呼びました。三蔵法師といえば、『西遊記《さいゆうき》』のもととなった玄奘《げんじょう》が有名ですが、三部経をすべて読んだ「三蔵法師」は実はほかにも何十人もいます。そして、日本人にも何十人かいるのです。

私は、釈迦の教えを書いたこのお経をすべて読んだという人に、今までの人生の中で3人出会いました。私よりもだいぶ年齢が上の方々でした。そして、その3人が3人とも（この3人は互いに横の関係のない、見知らぬ同士なのですが）、**三部経の中で「いちばん面白い」と言ったお経がありました、それが、「観音経」です。**それでとても興味を惹《ひ》かれました。

「観音経」にはこのような一節があります（原文は漢文ですので和訳を引用します）。

仏、無尽意《むじんに》菩薩に告げたまわく。「善男子、若《も》し国土の衆生《しゅじょう》有りて、応《まさ》に仏身を以《も》って度《すく》うことを得べき者には、観世音菩薩、即《すなわ》ち仏身を現《げん》じて為《ため》に法を説き、
応に辟支仏《びゃくしぶつ》の身を以って度うことを得べき者には、即ち辟支仏の身を現じて為に法を説き、
応に声聞《しょうもん》の身を以って度うことを得べき者には、即ち声聞の身を現じて為に法を説く。
応に梵王《ぼんのう》の身を以って度うことを得べき者には、即ち梵王の身を現じて為に法を説き、
応に帝釈《たいしゃく》の身を以って度うことを得べき者には、即ち帝釈の身を現じて為に法を説き、
応に自在天《じざいてん》の身を以って度うことを得べき者には、即ち自在天の身を現じて為に法を説き、
応に大自在天の身を以って度うことを得べき者には、即ち大自在天の身を現じて為に法を説き、
応に天の大将軍の身を以って度うことを得べき者には、即ち天の大将軍の身を現じて為に

法を説き、
応に毘沙門《びしゃもん》の身を以って度うことを得べき者には、即ち毘沙門の身を現じて為に法を説く。
応に小王《しょうおう》の身を以って度うことを得べき者には、即ち小王の身を現じて為に法を説き、
応に長者《ちょうじゃ》の身を以って度うことを得べき者には、即ち長者の身を現じて為に法を説き、
応に居士《こじ》の身を以って度うことを得べき者には、即ち居士の身を現じて為に法を説き、
応に宰官《さいかん》の身を以って度うことを得べき者には、即ち宰官の身を現じて為に法を説き、
応に婆羅門《ばらもん》の身を以って度うことを得べき者には、即ち婆羅門の身を現じて為に法を説く。
応に比丘《びく》・比丘尼《びくに》・優婆塞《うばそく》・優婆夷《うばい》の身を以って度うことを得べき者には、即ち比丘・比丘尼・優婆塞・優婆夷の身を現じて為に法を説く。
応に長者・居士・宰官・婆羅門の婦女の身を以って度うことを得べき者には、即ち婦女の身を現じて為に法を説く。
応に童男《どうなん》・童女《どうじょ》の身を以って度うことを得べき者には、即ち童男・童女の身を現じて為に法を説く。
応に天・龍・夜叉《やしゃ》・乾闥婆《けんだつば》・阿修羅《あしゅら》・迦楼羅《かるら》・緊那羅《きんなら》・摩睺羅伽《まごらか》・人非人《にんぴにん》等の身を以って度うことを得べき者には、即ち皆之《これ》を現じて為に法を説く。

応に執金剛神《しゅうこんごうじん》を以って度うことを得べき者には、即ち執金剛神を現じて為に法を説く。無尽意《むじんに》よ、是《こ》の観世音菩薩は是《か》くの如き功徳を成就し、種種の形を以って諸《もろもろ》の国土に遊び、衆生を度脱《どだつ》したもう」

「応に○○の身を以って度うことを得べき者には、即ち○○の身を現じて為に法を説く」という表現で説明が繰り返されています。「○○の姿を見ることによって救われる者には、ただちに○○の身を現して、その人々のために法を説くのである」と。

観音さまというのは変装の名人らしいのです。このように33もの姿に化身するということです。

これを知ってから私は、娑婆《しゃば》（人間社会）で私たちの目の前に現れている人はみんな、観音さまの化身であるかもしれない、かもしれないではなくて、私の周りのほとんどの存在が「観音さまそのものである」と思えてきました。そして、そう思って周囲の人々と接し、笑顔で楽しむようになった「私」も、観音さまの化身なのかもしれません。

そのように考えると、毎日がとても面白いものになってきます。

2007（平成19）年の初夏、「四国のお遍路巡り《へんろ》」をしました。八十八箇所もの弘法《こうぼう》大師空海《くうかい》ゆかりの地といわれるお寺に詣でる旅で、私たち一行は毎回、神仏の前で手を合わせます。

あるとき、このお遍路の途中で知人の一人がこんなことを言いました。

「私たちはお寺を巡って、神仏に会いに行っているようにも思えるけれど、今日、参道を歩きながら〝飴《あめ》をどうぞ〟と友人が声をかけてくれたとき、〝**一緒に隣で歩いてくれるこの人は、私にとっては神さまみたいに有難い存在だなあ**〟と思ったんです」

これを聞いて、なるほど観音さまの化身というのは、そのような現れ方をしているのだろうと思いました。

そういった感想を漏らした友人の顔は、まるで観音菩薩の像とそっくりに清らかな、さわやかな笑顔でした。

釈迦②

「悩みがゼロ」になったら「喜びの上乗せ」をする

釈迦は2400年前に、「悩みがゼロになる方法」を説きました。悩みがゼロになった人のことを「悟った人」といいます。悟るまでの過程や仕組みを教えてくれたのは釈迦ですが、では、悟った人にのみ、さらに次のステップを上乗せして教えてあげてもよい、と、その後1200年経って私たちに**「上乗せの楽しいこと」**を教えてくれたのが、**空海**だったようです。

ただ、その「上乗せの楽しいこと」というものが、現代ではどうも誤解をされているらしい。どうやら「現世利益《げんせりやく》」という言葉によって違う方向へ行っているように思えます。狙いを定めているうちはダメらしい。狙いを定めて「これが欲しい、あれが欲しい」と言わないほうがいいみたいです。まずはじめに**執着をなくすこと、悩みをゼロにすること、**です。

執着をなくした人にだけ、教えてあげましょう、というのが空海の伝えたもの（密教）でした。ですから、望みを叶えるために密教を学ぶ、というのは、方程式として違うということになります。

悟りに至っていない在家信者に教えたことを仏教では「顕教《けんきょう》」と呼び、一方で、悟った人（あれが欲しい、これが欲しいと言わなくなった人）は執着がゼロになっているので、そういう人を対象とした教えを「密教」といいます。

空海は中国で密教を学び、それを日本に伝えました。本来は、悟った人（出家した僧侶）限定で教えられるものだったのが、いろんなところから漏れ伝わって、少しずつ知られるようになりました。

たとえば、自分の周辺に暗雲がたちこめているというようなとき、この真言《しんごん》を唱えれば光明《こうみょう》が差してくる……という「光明真言」というものがあります。しかしそれは、執着のある人が唱えても、意味がないようです。ですから、**執着や悩みがある人は、まずは釈迦の教えをマスターして、悩み苦しみをゼロにして、楽な人になること。**

そして悟った人が（執着がなくなった人が）、今度は「面白がって」真言を言うと面白い、というものが、空海が日本へ持ち込んできた密教の世界らしいのです。

私自身は、宗教者ではありませんから、神仏を前提にものを考えていませんから、その何百種類、何千種類の真言を、いちいち目的別に使い分けていません。それよりも、すべての真言に匹敵する、かつ、これ以上ないオールマイティーの真言「ありがとう」という言葉だけですむと知ってしまったからです。

悩み、執着がゼロになったら、あとは**「ありがとう」という言葉をたくさん言っていると、人生が面白く展開していくというのが、「ありがとう」の不思議な力です。**

空海①

いまだ多くの人々を魅了する空海の存在

先述したように、2007（平成19）年の初夏、私は友人たちとともに四国のお遍路巡りの旅をしました。そして無事に結願《けちがん》することができたので、そのお礼参りに高野山《こうやさん》へ詣でました。

高野山は、約1200年前に空海によって開かれた真言密教の根本道場《こんぽんどうじょう》です。2004（平成16）年7月7日、高野山は紀伊《きい》山地の霊場と参詣道として、世界遺産に登録されました。

高野山は標高およそ900m。山頂が盆地になっており、杉の木が茂る「奥の院」には、豊臣秀吉から親鸞聖人《しんらんしょうにん》、太平洋戦争の英霊まで、あらゆる階層、あらゆる宗派の人々のお墓が20万基以上も立ち並んでいます。そして、そのいちばん奥に、弘法大師空海の御廟《ごびょう》（墓）があります。

四国の八十八箇所巡りをするお遍路さんは「南無《なむ》大師《だいし》遍照金剛《へんじょうこんごう》　同行《どうぎょう》二人《ににん》」と書いたものを身につけていますが、「遍照金剛」とは大日如来《だいにちにょらい》でもあり、空海のことでもあります。若き日の空海は、どうも四国の山の中で修行に明け暮れていたらしい。そこで、空海の業績を偲んで、「四国の八十八箇所お遍路」が行われるようになりました。

お遍路さんと、高野山詣での機会を得て空海の足跡をたどるにあたり、**今なおこれほどまでに多くの人々を支え続けている、空海の存在の大きさをあらためて感じました。**

空海②

大学より修行の道を選んだ理由

774（宝亀《ほうき》5）年6月15日、空海は、現在の香川県善通寺市《ぜんつうじ》に生まれました。空海は佐伯氏《さえき》という豪族で、学者の家柄であったため、幼いころから学問に親しんで育ちます。13歳のとき、讃岐《さぬき》（現在の香川県）の役人を育てる学校に入り、優秀な成績を修めたので、神童と呼ばれていました。15歳で空海は母方の叔父である阿刀大足《あとのおおたり》を頼り、奈良の都に上ります。もちろん、さらに上の大学へ進学するためでしたが、しかし入学が許可されるまで3年間待たねばなりませんでした。成績が悪かったというのではなく、地方豪族の子弟が、出世コースの約束された大学に入るのは、そう簡単ではなかったのです。神童と呼ばれて育った空海も、このときかすかに劣等感を味わいました。

奈良で3年間、仏教典を読んで過ごし、叔父の尽力でやっと大学に入学します。しかし、**念願の大学生活も、わずか1年でやめ、修行の旅に出ました。**19歳の空海に、大学の学問は満足を与えなかったようでした。

卒業したら役人になり出世の道が用意されている、身分の高い者が出世するためだけに存在する場所……空海にはそのように感じられ、大学という場所は学問の場としてもの足りなかったのでしょう。

空海③

真言との出会いと「出世」への決別

都の大学を飛び出してからは、四国のけわしい山々で修行に明け暮れました。それがなんと7年間。空海が30歳になるまでの7年間というものは、どこで何をしていたのか、具体的なことはわからないのですが、四国の各地で修行していたということで、おそらく空海が修行をしたらしい「四国八十八箇所」にお寺が建てられ、現在、お遍路さんが巡礼する場所となっています。

空海は、23歳のときに、『三教指帰《さんごうしいき》』という本を書きました。三つの教え（儒教、道教、仏教）を比較し、仏教がいちばん優れている、という結論を書いています。このころ、**空海は山岳修行の日々の中で、役人になること、出世することという生き方に、完全なる訣別《けつべつ》を決意したようです。**

そのような決意をするに至った背景として、空海の人生に、重大な転機が訪れていました。

四国各地を旅する修行中、ある沙門《しゃもん》（遊行僧《ゆぎょうそう》＝寺を持たずに旅を続ける修行僧）からこんなことを聞きます。

「虚空蔵菩薩求聞持法《こくぞうぼさつぐもんじほう》」を会得すれば、難解な仏教典の意味がすべて理解できるというのです。それまでに、この求聞持法を会得した人は一人もいないということでした。

会得するための真言は、「のうぼう　あぎゃしゃ　ぎゃらばや　おんまりきゃ　まりぼりそわか」というものです。空海は、求聞持法会得を決意し、室戸岬《むろとみさき》に至りました。

室戸岬の北１㎞ほどのところに、御厨人窟《みくろど》という海食洞窟があります。この洞穴にこもり、朝から晩まで真言を唱え続けました。

来る日も来る日も虚空蔵菩薩への真言を唱え続け、百万回唱えたころ、洞窟の奥に座っている空海の口に、明けの明星（金星）から光が注がれて、体の中に入ってきました。

それが**「悟った」と感じた瞬間でした。世界のすべてが輝いて見えたそうです。**このとき洞穴から見えた風景は「空」と「海」だけ。実は、空海という人はもともとは「真魚《まお》」という名前でしたが、この「悟った」瞬間の風景があまりにも今までと違って光り輝いていたので、これ以後「空海」と名乗るようになったということです。

空海④

〝私費留学生〟として遣唐使船に乗船

804（延暦《えんりゃく》23）年、再び叔父の阿刀大足の前に現れた空海は、「遣唐使船《けんとうしせん》に乗りたい」と頼みました。本物の仏教典に触れたいと、30歳になった空海は思いつめたのです。

遣唐使船は、20年に1度しか出ません。しかも、それに乗るためには得度《とくど》を受けて「官《かん》僧《そう》」になる必要がありました。官僧になるために朝廷に願書を出し、資格が与えられたのは、第16次遣唐使船出航の1カ月前。ギリギリで間に合いました。

遣唐使船に乗り込むことを許されたものの、空海の場合は〝私費留学生〟でした。つまり滞在費などは自分持ちです。

一方、同じ遣唐使船には、公費によるエリート留学生、最澄《さいちょう》が乗っていました。のちに比叡山延暦寺《ひえいざんえんりゃくじ》を開く最澄と、高野山金剛峯寺《こんごうぶじ》を開く空海。この同時代を生きた両雄が、偶然にも同じ船で唐へ渡っていたのです。

空海を乗せた第16次遣唐使船は、804年5月12日、摂津国難波津《せっつのくになにわつ》（今の大阪市天満橋《てんまばし》駅から北浜《きたはま》東一帯と推定）から船出をします。

夏になると、南から北に向かって風が吹くので、帆船としては北へ行くのに好都合です。空海を乗せた遣唐使船は、その時期を選んで中国へと船出しました。遣唐使船は4隻です。第1船には空海と遣唐使の藤原葛野麻呂《ふじわらのかどのまろ》が乗っており、第2船には最澄が乗っていましたが、第3船と第4船は途上で嵐に遭い難破してしまいます。第1船と第2船のみ中国へ着くことができました。

空海⑤

五島列島「辞本涯」で考えたこと

長崎県五島《ごとう》列島の福江島《ふくえじま》にある柏崎《かしわざき》の岬は、東シナ海へと漕《こ》ぎ出す遣唐使船の一行にとって、祖国日本の島影を見ることのできる最後の風景となりました。

現在、柏崎の岬には、空海記念碑として「辞本涯《じほんがい》」（日本のさいはての地を去る、の意）と彫られた石碑が建てられています。これは、地元の歴史研究家の発案により建てられました。

空海の著書『遍照《へんじょう》発揮《ほっき》性霊集《しょうりょうしゅう》』の中に、「死を冒して海に入る　既に本涯を辞し　中途に及ぶ此《ここ》に　暴風帆を穿《うが》ち　戕風柁《しょうふうかじ》を折る」とあることから、この言葉を石碑に刻むことになったそうです。

東シナ海を横断し、その先に広がる大陸の唐へ、たどり着ける保証はありません。804（延暦23）年5月12日に難波津を出航した4隻の遣唐使船は7月6日、平戸島《ひらどじま》の田《た》ノ浦《うら》を出て、翌日7日の夜、松明《たいまつ》の明かりで仲間の船と合図を交わしつつ航海していましたが、やがて黒く高い荒波にかき消されるようにして仲間の船は見えなくなってしまいました。日本の西の果てである柏崎の岬もだんだんと遠ざかっていく。ここから先は東シナ海の大海原。これで日本も見納めかもしれない、との思いで遠ざかる島影を眺めたことでしょう。そのときの空海の思いが、「辞本涯」という石碑となって今に伝えられています。

2007（平成19）年の春、私はこの岬を訪れ、岬を通過する船上から若き日の空海が見たであろう風景の中に身を置いてみました。**弘法大師・空海がまだ何者でもない青年だったころの、心境の一端を見た気がしました。**

ちなみに空海の文才の非凡さは、この「辞本涯」を含む文章からもうかがい知れるように、群を抜いたものでした。

空海の乗った遣唐使船は、嵐に遭って漂流し、8月10日、ようやく中国の南方、福州《ふくしゅう》の赤岩鎮《せきがんちん》というところへ着きました。しかし着いたにもかかわらず、上陸が許されませんでした。嵐に遭ったため天皇からの勅旨《ちょくし》を失《な》くしてしまったからです。遣唐使である藤原葛野麻呂が上奉文《じょうほうぶん》を書きましたが、稚拙だったために疑われ、2カ月間上陸できませんでした。

そこで空海が上奉文を書き提出したところ、素晴らしく流麗な漢文だったので唐の役人も驚き、ようやく上陸を許可されました。赤岩鎮出発が11月3日。50日かけて遣唐使の一行は12月23日、長安《ちょうあん》（現在の西安《せいあん》）に到着します。

ちなみに、空海は文章が上手《じょうず》なだけでなく、書の達人でもありました。

８０４年の第16次遣唐使船では、橘逸勢《たちばなのはやなり》という人が空海と同じ船に乗って中国へ渡っています。逸勢は空海と年齢も近く、非常に親しくしていました。また、逸勢は嵯峨《さが》天皇の親戚にあたる人物です。のちに、嵯峨天皇、橘逸勢、空海の３人は「三筆《さんぴつ》」と並び称されることになりましたが、この３人が親交を深めたのは、書という共通の趣味があったことからでした。

嵯峨天皇は文化にとても造詣が深く、血縁の逸勢が書を熱心にやっているので、嵯峨天皇も一緒に書を学んでいました。そしてのちに、唐から戻ってきた逸勢に、**空海という素晴らしく達筆で人格も素晴らしい人がいる**という話を聞きます。その結果として、空海は唐から帰国してからの後半生において、嵯峨天皇から厚く遇されることになったのでした。

空海⑥

その後の人生を変えた恵果和尚の言葉

官費留学僧であった最澄は3カ月ほどかけて仏教のいろいろな資料を集め、帰りの遣唐使船で日本へ帰りましたが、空海は唐にとどまりました。

805（延暦24）年5月、空海は、密教の7代目の継承者、青竜寺《せいりゅうじ》の**恵果**《けいか》（編集部注＝「えか」という説もあり）という人に出会います。このとき恵果は59歳。

恵果は初対面の空海に「あなたを密教大法の第8代継承者にする」と言いました。驚く空海に、

「あなたがどれほどの人物であるか、見抜けるくらいの修行はしてきたつもりです」

と、恵果は言います。

わずか40日ほどのち、空海は6月13日に「胎蔵界《たいぞうかい》」の灌頂会《かんじょうえ》（悟りに達したことを証する儀式）をしました。

儀式の中で、目隠しをして、花を一輪持ち、胎蔵界曼荼羅図《まんだらず》の中へ投げ込むというものがあります。空海が投げた花は、中央の大日如来のところへポンと落ちました。

密教の世界観に「胎蔵界」と「金剛界《こんごうかい》」というものがあります。中央に大日如来がいて、このように菩薩が配置されているのだという構造を、「言葉ではなく図で示したもの」が曼荼羅というものです。ですから、たとえ意味がわからなくても見ていて心地のいいものなのでしょう。曼荼羅とは、言葉で説明することができない世界を絵で示したものであり、「胎蔵界曼荼羅」と「金剛界曼荼羅」とがあります。

最初に「胎蔵界」の灌頂会の儀式があり、これで免許皆伝ということになりました。密教の技術や情報を、恵果が1カ月間授け続けた結果として、空海は乾いた砂に水がしみ込むかのように、全部覚えていったそうです。

その1カ月後、さらに「金剛界」の灌頂をいただくことができ、空海はわずか2カ月間で二つの免許皆伝をいただきました。このときも、金剛界曼荼羅図に向かって目隠しをして花を投げたのですが、また大日如来の上に落ちたので、すごい、と恵果も驚いたそうです。「この人の守り神は大日如来だ」ということを意味している、と恵果は驚きました。

そして恵果は、空海に対して「遍照金剛」（大日如来のこと）を名乗りなさい、とすすめました。

さらに三つ目、８月10日に、「伝法《でんぽう》灌頂」（弟子をとって伝えてよい、という灌頂）を得ました。なんと空海は、３カ月間で三つの灌頂を得てしまうのです。恵果は、空海に出会うのを何年も前から待っていたと言い、自らの寿命を知っていたようです。８０５年12月15日に恵果和尚は**「あなたに会えてよかった」**と空海に言い、亡くなりました。

空海⑦

敵を作らずに膨大な活動をする

日本の遣唐使船は、20年に1度と決まっているにもかかわらず、空海が唐へ渡ってから2年後、突如として日本からの遣唐使船が来ました。それに乗って、空海は奇跡的に日本へ帰ることになります。８０６（大同元《だいどう》）年10月に博多《はかた》（那《な》の津《つ》港）に帰着しました。

最澄は官費留学生なので、はじめからの約束ですぐに資料を集めて帰りましたが、私費留学生である空海は、20年間とどまるという条件だったので、すぐに帰ってくることは許されません。しかし、なんと2年後、例外的に日本からの遣唐使船が行ったのです。しかもこの遣唐使船は、最後の船でした。もしこの2年後の遣唐使船が行かなかったら、空海は一生涯、日本に帰って来ることはなかったでしょう。

空海は、８０６年10月24日から日本での活動を再開して、以後三十余年間、膨大なる活動量を示していきます。3年後の809（大同4）年7月に嵯峨天皇の許しを得て上洛《じょうらく》し、その後、高野山に金剛峯寺を開いたり、四国・讃岐の満濃池《まんのういけ》（香川県仲多度《なかたど》郡まんのう町）の修復工事を成功させたり、京都に東寺《とうじ》を与えられて僧を育成するなど、幅広く活躍しました。

空海は行く先々でさまざまなことをして、膨大な量の仕事をしていますが、その足跡をたどってみると意外なことに気づきます。**空海は、何万人という人と出会いながら活動する中で、出会う人をみんな味方にしてしまうのでした。**敵対関係を作らずに活動していくという稀有《けう》な人物でした。一緒に船に乗った橘逸勢も、その親戚の嵯峨天皇も、空海の人柄に惹かれた人たちです。

820（弘仁《こうにん》11）年、空海は満濃池の修築工事の指揮をしています。雨が降るたびに決壊して、村をおびやかしていたので、嵯峨天皇が空海に池の修復を頼みました。すると、空海が修復してからは、なんと、1200年もの間、一度も決壊していないのです。空海にはそういう土木技術の素晴らしさもありました。当時の人々は、密教の呪術ではないかと思っていたようです。

実は、満濃池は、水の出口のところにアーチ型の堤防が造られていて、それが外側にではなく内側に膨らんだアーチ型になっています。水圧が何十万トンとかかったときに、アーチが外側に膨らんでいると決壊してしまう。しかしアーチが内側に膨らんでいると、その力がうまく分散されます。ですから、現在のダムでも内側に向いているアーチ型が多いのですが、それは空海の満濃池から学んだものでした。

そして、そのような工事のときにも空海は何万人という労働者を使って陣頭指揮をとったのですが、そんなに多くの人を使っていたら反乱や何か反発がありそうだけれども、誰ひとりとして空海に敵対する人がいなかった。これもすごいことです。

それは出会う人出会う人みんな、味方につけていったということです。空海が大変「誠実な」生き方をしていった、ということだろうと思います。**声を荒らげないとか、自分が立場が上だからといって威張らない、怒鳴らない。人格者ということです。**

空海を尊敬する人はたくさんいたわけですが、尊敬されているところで権力者になってしまうと、鼻持ちならない人になってしまう。尊敬されているけれども、それで天狗《てんぐ》にならずに、**空海は出会う人出会う人、一人ひとりを本当に大事にして生きた人だったのでしょう。**

問題をどう解決するのか、とことん争って戦う、という解決方法もありますが、そうならないような日常生活で、人間関係が温かいもので人生を過ごしていくことができる。そのように生きた人が実際にいた。しかも空海は、何もせずひっそり山の中で隠遁《いんとん》していたというのではなくて、膨大なる活動をしながら、敵対関係を作らなかったという実例見本です。

835（承和《じょうわ》2）年3月21日、空海は高野山にて入定《にゅうじょう》しました。61年の生涯でした。空海の死後86年経った921（延喜《えんぎ》21）年、醍醐《だいご》天皇は空海に対して「弘法大師」の名を贈りました。

約1200年の年月を経た現在でも、四国遍路巡りや高野山参詣の人々の姿が絶えず見られるのは、空海がいかに慕われる存在だったかを表しています。**空海の「存在の死」は、まだ訪れていないということなのでしょう。**

北原白秋①

人々の心を和ませた「浪漫主義」の作品

日本の近代文学の中で、特に明治時代後期に「自然主義」と呼ばれるリアリズムを追求する文学作品が中心となった時期がありました。実際にあった本当のことをありのままに書いていくという手法で、作者が自分の周りの人や事件を赤裸々に描いていきました。島崎藤村《しまざきとうそん》、田山花袋《たやまかたい》らが有名です。

その一方で、「浪漫《ろまん》主義」と呼ばれる文学者たちも同時代にいました。北原白秋《きたはらはくしゅう》らの作品がそう呼ばれ、人気を博しました。冷厳・冷徹なリアリズム文学「自然主義」の時代に、何かホッとするようなものが求められたのかもしれません。

もちろん、「自然主義」には「事実は小説より奇なり」という面白さもあることはありますが、どちらかというとこれらの作品は、ありのままの〝醜悪さ〟という面をこそ見つめようとするものでした。なぜか人々の心を冷やすもの、後味が悪いものが多かったようです。近代文学のそうした風潮の中で、**北原白秋ら浪漫派の文学は、人々の心をホッと和ませるものだったのでしょう。**

北原白秋の代表作「城ヶ島《じょうがしま》の雨」の歌詞はこのようなものです。

雨はふるふる　城ヶ島の磯《いそ》に
利休鼠《りきゅうねずみ》の　雨がふる
雨は真珠か　夜明けの霧か
それともわたしの　忍び泣き

降っている雨、ただ降っている雨に対しての「優しい目」というのが、白秋の特色です。浪漫主義の文学は、温かいものや美しいものを見出し、それに近づき、それに驚き感動する、というような傾向を持っていました。

白秋は、石川啄木《いしかわたくぼく》、吉井勇《よしいいさむ》、高村光太郎《たかむらこうたろう》、佐藤春夫《さとうはるお》、永井荷風《ながいかふう》、谷崎潤一郎《たにざきじゅんいちろう》らとともに耽美《たんび》・浪漫主義の中心人物となっていきました。そして大正時代に入り、夏目漱石に師事した鈴木三重吉《すずきみえきち》が『赤い鳥』という児童雑誌を創刊すると、白秋はますます童話や童謡詞をたくさん生み出しました。童謡「お祭」「お月夜」「きらきら星」などもそのころのものです。白秋がものを見る目はとても温かでした。

多くの人に愛された北原白秋の詞には、そうした「優しさ」がにじんでいるように思えます。

北原白秋②

生き方、考え方を方向づけた「一カ月の旅」

実は、そのような北原白秋の作品や生き方を方向づけたものとして、白秋23歳のときに出かけた九州旅行がありました。

以前私は『ＪＴＢ旅のうんちく講座』（イーコンテンツ刊）という本を出版しました。今回ご紹介する話も、私の旅行作家として頼まれて書いたその本の内容から一部選んで再編集しているものです。

実は白秋含め5人の筆者による『五足の靴』という本は、２００７（平成19）年に岩波《いわなみ》文庫が一冊の本としてまとめ、現在では手軽に読めるようになりましたが、それ以前はずっと長い間、あまり知られることなく埋もれていた紀行文でした。というのも、筆者名が「五人づれ著」としかされていなかったためです。

1907（明治40）年、白秋が旅の計画を立て、与謝野鉄幹、木下杢太郎《きのしたもくたろう》、吉井勇、平野万里《ひらのばんり》との5人で、長崎〜島原《しまばら》〜天草《あまくさ》方面を旅したときの紀行文を、東京二六《にろく》新聞に寄稿しました。この5人が旅のことを交互に執筆したものを、東京二六新聞に29回にわたって連載した旅行記でした（ところが当時は、筆者名を「五人づれ」としか書いていなかったため、実際の筆者が誰だったのか、ほとんど気づかれぬまま、埋もれてしまっていたのです）。

「五足の靴」の旅は、明治40年7月28日から8月27日まで、ちょうど1カ月になる長い旅でした。

〈五足の靴が五個の人間を運んで東京を出た。五個の人間は皆ふわふわとして落着かぬ仲間だ。彼らは面の皮も厚くない、大胆でもない。しかも彼らをして少しく重味あり大量あるが如くに見せしむるものは、その厚皮な、形の大きい五足の靴の御蔭《おかげ》だ〉

という序で始まった「五足の靴」の連載。新聞連載は8月7日に始まり9月10日に終了しています。

5人の旅は、東京→厳島《いつくしま》（広島県）→赤間関《あかまがせき》（下関《しものせき》）→福岡→柳川《やながわ》→唐津《からつ》→佐世保《させぼ》→平戸→長崎→茂木《もぎ》→天草→三角《みすみ》→島原→長洲《ながす》→熊本→阿蘇《あそ》→熊本→柳川→東京、というコースでした。九州西部の、キリシタン関連のポイントを選んで旅をしたようです。この旅は、5人それぞれに大きな影響を与えました。

30日間の旅で5人が徒歩で移動したのは、阿蘇と天草の旅です。阿蘇は「登山」ですから、徒歩で行くのは、当然でした。

天草は、天草半島の北西部・富岡《とみおか》から、下島《しもしま》の西南部・大江《おおえ》まで約8里（約32㎞）を歩いたのでした。それも、夏の炎天下、しかも九州です。ですから、天草における夏の「五足の靴」旅は、まさに〝命がけ〟の旅でもありました。5人が宿に着いたのは、夜の9時すぎ。疲れ果てていたことでしょう。

天草下島の西海岸は、今でこそきれいな舗装道路がありますが、明治40年当時は、山道を越えると石ばかりの海岸、さらにまた山一つ越えると次の入江の石の海岸、というもので、大変な悪路でした。日が暮れてからは、杉林の中、ひと気のない道を歩き、鬼気迫るものがあったようです。

大江に着いた一行は、疲れきって翌朝遅くまで寝ていましたが、そこから「大江天主堂《てんしゅどう》」へ出かけました。

北原白秋③

作風に影響を与えたガルニエ神父の生き方

地元の人が「パアテルさん」と尊敬と親しみを込めて呼ぶ、大江天主堂の主が、**フレデリック・ガルニエ神父**でした。フランスから単身、日本へやってきて、ここ天草・大江でキリスト教を守ろうとしていました。自ら希望したのは、弾圧されながらも信仰を捨てなかった天草の人々とともに生きたかったからのようです。大江に着任して満15年、このときガルニエ神父は47歳でした。

「パアテルさん」のことを、白秋は詩に記しています。

わかうどなれば黒髪の
香をこそ忍べ、旅にして
わが歴史家のしりうごと、

『パアテルさんは何処《どこ》に居《を》る。』

南の海に白鳥の
軀《むくろ》うかぶと港みて
舟夫《かこ》らはうたふ。さりながら、
『パアテルさんは何処に居る。』

遍路か、門《かど》に上眼《うはめ》して
ものくしげにつぶやくは、
『さて村長《むらをさ》よ、』またしても
『パアテルさんは何処に居る。』

葡萄《ぶどう》の棚と無花果《いちじく》の
熱きくゆりに島少女
牛ひきかよふ窓のそと、

『パアテルさんは何処に居る。』

かくて街衢《ちまた》は紅《あか》き灯に
三味もこそ鳴れ、さりとては
天草一揆《いっき》、天主堂、
『パアテルさんは何処に居る。』

神父は5人を居間に案内します。通常は、居間にまで人を入れることはないのですが、この5人にはそうさせる熱情のようなものがあったのでしょう。5人が質問をし、神父が答え、そしてキリシタン遺物の十字架なども見せたりしました。

このガルニエ神父という方は、すごい人でした。その後何十年か大江に滞在するのですが、同じ服を着続け、新しい服を買ったことはなかったそうです。2年に1度、フランスに帰ることができるシステムでしたが、ガルニエ神父は本国から帰国費用を送らせ、給料と合わせてすべてを貯《たくわ》えました。そして、天草が飢饉《ききん》に陥ったときはそのお金で村人を救済し、また貯えては大江天主堂の建て替え費用に充てました。

そのように人々に喜ばれるように生き、地元の人々とともに生きようとした、本当に愛される神父さんだったのです。

このガルニエ神父の生き方が、若者たちにその後の生き方を教えました。若者たちはそれぞれに博愛的な、あるいは人々が温かい心になっていくような作品を発表し、かつまたそういう生き方になっていくのですが、そのきっかけはまさにこの「五足の靴」の旅だったように思えます。

北原白秋は『邪宗門《じゃしゅうもん》』（白秋の処女詩集。「五足の靴」旅行後の3年間の詩を約１２０篇《へん》収録）としてそのときのことを結晶させました。

木下杢太郎は、キリシタン研究者としての道を歩んでいくのですが、それはこのときの調べものや、キリシタン遺跡を実地に歩いた経験からだったのでしょう。

ちなみに大江で5人が投宿したのは、高砂屋《たかさごや》という、当時1軒しかなかった小さな旅館。この高砂屋は、私が大江を訪れた２００１（平成13）年にもまだ存在しており（編集部注＝２０１９年現在も営業中）、門の脇には「五足の靴の一行この地に泊る」との小さな石碑が残され、5人の名も刻まれていました。

正岡子規

病床でも明るさだけ作品に残した「写実主義」作家

リアリズムを追求する手法、事実に取材し真実の人間やものごとを描こうとする「自然主義」文学の作品群は、明治時代後期には主流となりましたが、どちらかというとありのままの〝醜悪さ〟を見つめようとするものでした。だからこそ一方で、北原白秋ら浪漫派の文学などは、人々の心を温め、ホッと和ませるものとして人々の心に残ったのでしょう。

ところで、俳句の世界では、正岡子規《まさおかしき》という人が「写生」または「写実主義文学」と呼ばれる方法をやり始めています。これは、現実のありのままを見つめ、それを描くというもので、そういう点では「自然主義」と同じでした。

しかし、「感想を一切排除し、客観的にありのままを俳句に詠もう」という子規の俳句に対する姿勢は、一時期流行った私小説の「自然主義」の表現方法とは、根本的に違うものだったのです。

子規のまなざしは、「ありのままの現実」の中の、暗い部分にではなく、常に明るい部分にのみ、注がれていました。

子規は28歳のとき、病床を抜け出して一人で奈良へ行き、

「柿くへば　鐘が鳴るなり　法隆寺《ほうりゅうじ》」

という有名な句を残しています。子規は、結核菌が肺の病巣から脊椎に入り込むという難病、脊椎カリエスの激痛に常時苦しみ、結局35歳でこの世を去りましたが、その痛み、つらさ、闘病生活ということは何も書き残していません。この句は、痛みに耐えながらの旅路で詠まれた句とはみじんも感じさせないほど、人の心を癒やし、和ませるものでした。脊椎カリエスの痛み、嘆き、死への不安というような当然あっておかしくない「ありのまま」の姿、しかしそれを表現したとしても人の心を和ませはしないであろうことがらについて、俳句に詠み込むことはしない人だったようです。

私たちは日常生活の中で、問題や暗さを認識した上でどうするか、を考えます。しかし、それでは永遠に問題や暗さは依然として存在し続けるでしょう。

そういうことを「気にしない」、さらには「認識すらしない」。そういう素敵な「ボーッ

とした人」になって、自分が表現することはいつも温かく、優しいまなざしが感じられるものにするという生き方もあります。

「世の中にはこんなひどいことがある」「こんなつらいことがあるじゃないか」と、暗いところを指摘して、評価論評している人より、「そんなこともあるよね」と言って笑顔で淡々と光を投げかける人のほうが、周りを明るくします。

「今日も暑くていやになっちゃう」「雨ばかりで気が滅《め》入《い》るよね」と言うよりも、**子規のような明るさで、「晴れたら洗濯物がよく乾く」「雨の日は紫外線を気にしなくてすむ」と言っている人は、魅力的ではありませんか。**

おわりに

周りの人を幸せにする生き方

良寛さんの書を見たことがあります。

書といえば必ず「雄々《おお》しく」「堂々と」「力強く」書くべきもの、と教わってきました。良寛さんの書はまったく違います。**雄々しくない。堂々ともしていない。力強くもない。弱々しい。力が入っていない。ただただ優しい。**

書の価値というのは私にはわかりません。どんなものが上手《じょうず》なのか、どんなものが価値があるのか、わかりません。

ただ、ある種の推測ができます。良寛さんはたくさんの人に好かれていました。死後、「あの良寛さんの掛け軸を持っているんだよ」「良寛さんの手紙が手元に残っているんだよ」というような会話はたくさんされたことでしょう。

「すごい」「良寛さんのものを持っているんですか」という話の結果、「良寛さんのものは貴重」になった、そういう側面もあったのではないでしょうか。

（誤解なきように言っておきたいのですが、私自身は良寛さんの書は大好きです。雄々しく、堂々と、だけが価値があるような書ではなく、力が抜けて優しい、品のある文字が大好きです。良寛さんの文字に価値がないなどとはまったく思っていません。ただ、良寛さんの人柄がその価値をより高めたとも思えるのです）

「魅力的な人」は死んでもなお、周りの人を幸せにします。

この本ではそんな人々を集めてみました。こんなふうに生きてみるのも楽しそうだ、と思っていただけたら幸いです。

なお、編集の田中暁《たなかあき》さんには大変お世話になりました。心よりお礼申し上げます。

２００９年３月

小林正観《こばやしせいかん》

［著者紹介］

小林正観　こばやし・せいかん

1948年東京生まれ。中央大学法学部卒。
作家、心学研究家、コンセプター、
デザイナー、SKPブランドオーナー。

学生時代から人間の潜在能力やESP現象、超常現象などに興味を抱き、独自の研究を続ける。年に約300回の講演依頼があり、全国を回る生活を続けていた。
2011年10月12日永眠。

著書に、「未来の智恵」シリーズ（弘園社）、「笑顔と元気の玉手箱」シリーズ（宝来社）、『淡々と生きる』（風雲舎）、『宇宙が応援する生き方』（致知出版社）、『喜ばれる』（講談社）、『人生は4つの「おつきあい」』（サンマーク出版）、『運命好転十二条』（三笠書房）、『努力ゼロの幸福論』（大和書房）、『みんなが味方になるすごい秘密』（KADOKAWA）、『ありがとうの神様』（ダイヤモンド社）、『ただしい人から、たのしい人へ』（廣済堂出版）、『心を軽くする言葉』『脱力のすすめ』『なぜ、神さまを信じる人は幸せなのか？』『こころの遊歩道』『生きる大事・死ぬ大事』『宇宙を解説 百言葉』（イースト・プレス）など多数。

［お問い合わせ］

現在は、正観塾師範代 高島亮さんによる「正観塾」をはじめ茶話会、読書会、合宿など全国各地で正観さん仲間の楽しく笑顔あふれる集まりがあります。詳しくはSKPのホームページをご覧ください。

SKP　045-412-1685
小林正観さん公式ホームページ　http://www.skp358.com/

本書は2009年に株式会社弘園社より出版された
『魅力的な人々』を再編集したものです。

魅力的《みりょくてき》な人々《ひとびと》の共通項《きょうつうこう》

「運命《うんめい》のシナリオ」が応援《おうえん》する生《い》き方《かた》

2019年9月20日　第1刷発行

著　者　小《こ》林《ばやし》正観《せいかん》

ブックデザイン　福田和雄（FUKUDA DESIGN）
本文DTP　坂従智彦

協　力　高島 亮

発行人　畑 祐介
発行所　株式会社 清談社Publico
〒160-0021
東京都新宿区歌舞伎町2-46-8 新宿日章ビル4F
TEL：03-6302-1740　FAX：03-6892-1417

印刷所　中央精版印刷株式会社

ISBN 978-4-909979-02-5 C0030

清談社
Publico

http://seidansha.com/publico
Twitter @seidansha_p
Facebook http://www.facebook.com/seidansha.publico